机车免调试精密撒砂阀研制

张俊峰 著

西南交通大学出版社
·成都·

图书在版编目（CIP）数据

机车免调试精密撒砂阀研制 / 张俊峰著. —成都：西南交通大学出版社，2017.12
ISBN 978-7-5643-5940-9

Ⅰ.①机… Ⅱ.①张… Ⅲ.①机车 – 撒料机 – 阀门 – 研制 Ⅳ.①U260.37

中国版本图书馆 CIP 数据核字（2017）第 294422 号

机车免调试精密撒砂阀研制

张俊峰 著

责任编辑	孟苏成
封面设计	何东琳设计工作室
出版发行	西南交通大学出版社 （四川省成都市二环路北一段 111 号 西南交通大学创新大厦 21 楼）
发行部电话	028-87600564　028-87600533
邮政编码	610031
网址	http://www.xnjdcbs.com
印刷	四川煤田地质制图印刷厂
成品尺寸	170 mm×230 mm
印张	7
字数	115 千
版次	2017 年 12 月第 1 版
印次	2017 年 12 月第 1 次
书号	ISBN 978-7-5643-5940-9
定价	80.00 元

图书如有印装质量问题　本社负责退换
版权所有　盗版必究　举报电话：028-87600562

前言

机车采用电阻制动为主的操纵方式,但由于机车牵引列车为 5000 吨或万吨组成的重载列车,在长大坡道上,SS_{4B} 型机车的电制动功率明显不足,无法满足全列车制动调速的需要,在实施电阻制动的同时还要实施空气制动,以弥补电阻制动功率不足的问题。在电阻制动初始阶段以及在实施空气制动、缓解空气制动阶段,列车会产生一定的冲动,易造成机车滑行。另外,在雨、雪天气条件下,在起动和爬坡阶段由于阻力增大,容易造成机车车轮空转,为此需向轨道喷撒石英砂来增加摩擦力,提高爬坡力。此外,在机车电阻制动工况发生变化和出隧道口时,由于电阻制动力的变化和黏着系数的变化而产生滑行,在这些特殊时间段上都需要提前撒砂,以防产生滑行,影响列车运行。

朔黄铁路机车使用效率高,运行环境特殊,在机车运行过程中,对石英砂的需求量是很大的。目前,国内标准石英砂的价格与普通砂的价格相差很大,如果撒砂量调整得过小,将影响列车安全运行;如果撒砂量过大,又会造成石英砂的大量流失和浪费。因此,合理控制撒砂量和研究免调试精密撒砂装置是我们迫切需要解决的问题。

"免调试精密撒砂阀研制"是朔黄铁路发展有限责任公司 2012 年的技术开发项目,项目下达时间为 2012 年 9 月,项目代号为:SHTL-12-14,由河北中通机车配件有限公司研制。

撒砂设备是铁路列车安全运行的重要设备,它的可靠性直接关系到万吨组合列车的安全开行和平稳操作。

机车运行中遇到雨、雪、霜天气,动轮将发生空转,不撒砂将可能造成牵引电机的损毁，因此，为增大摩擦力，使牵引力与黏着力找到一个适合的平衡点，就需要撒砂。免调试精密撒砂阀装置可有效控制撒砂量，有利于确保机车安全经济运行。

朔黄铁路发展有限责任公司使用免调试精密撒砂阀后，给出的评价是：本装置具有自动调控撒砂量的功能，安装简单，使用便利，大大降低了石英砂的用量。该装置运行稳定，安全可靠，性价比高，为铁路车辆安全运行提供了有力的保障。

免调试精密撒砂阀完成运行试验全面使用后，将可节约石英砂40%以上，不仅可节省机车用砂的购置费用，而且还可节省烤砂、上砂、清扫及管道清淤的费用，按1.7亿吨年运量计算，每年可节约成本100万元以上，可大大提高石英砂的利用率，降低运营成本

作者

2017年5月

| 目录 |

第 1 章 概　论 ·· 001
　　1.1　朔黄铁路概况 ··· 001
　　1.2　机车制动 ··· 004
　　1.3　撒砂阀技术的研究现状与发展趋势 ··························· 006
　　1.4　背景及研究意义 ·· 008
　　1.5　主要研究内容 ··· 010
　　1.6　技术路线 ··· 011
　　1.7　实现目标 ··· 012

第 2 章 撒砂系统的研究 ··· 013
　　2.1　概　述 ··· 013
　　2.2　撒砂的作用 ·· 014
　　2.3　对撒砂系统的要求 ·· 015
　　2.4　撒砂对轮轨黏着特性的影响 ···································· 018
　　2.5　单机紧急制动后大量撒砂故障分析 ·························· 024

第 3 章 免调试精密撒砂阀的研究与开发 ································ 027
　　3.1　免调试精密撒砂阀装置解决方案 ····························· 027
　　3.2　撒砂阀内流场仿真模拟优化 ···································· 029
　　3.3　撒砂阀设计 ·· 047
　　3.4　撒砂阀的加工工艺 ·· 051

第 4 章　免调试精密撒砂阀的实验研究与验证 ………………………… 052
　　4.1　免调试精密撒砂阀的实验研究 ………………………………… 052
　　4.2　免调试精密撒砂阀验证 ………………………………………… 060

第 5 章　免调试精密撒砂阀的使用与维护 ……………………………… 062
　　5.1　使用条件与功能 ………………………………………………… 062
　　5.2　设备组成与工作原理 …………………………………………… 065
　　5.3　安装及使用说明 ………………………………………………… 066
　　5.4　日常维护 ………………………………………………………… 067
　　5.5　故障维修 ………………………………………………………… 069

第 6 章　免调试精密撒砂阀的技术成果 ………………………………… 072
　　6.1　研究成果 ………………………………………………………… 072
　　6.2　研究成果的社会经济效益分析 ………………………………… 074

第 7 章　DK-2 制动机技术方案 …………………………………………… 075
　　7.1　概　述 …………………………………………………………… 075
　　7.2　基本功能与工作原理 …………………………………………… 076
　　7.3　制动操纵方式 …………………………………………………… 076
　　7.4　大闸操作 ………………………………………………………… 077
　　7.5　小闸操作 ………………………………………………………… 078
　　7.6　"空气位"操纵方式 …………………………………………… 079
　　7.7　均衡风缸与列车管压力控制 …………………………………… 079
　　7.8　制动缸压力控制 ………………………………………………… 081
　　7.9　停放制动 ………………………………………………………… 083
　　7.10　其他功能 ……………………………………………………… 084

第 8 章　DK-2 制动系统主要部件及功能 ………………………………… 085
　　8.1　制动控制器 ……………………………………………………… 085

8.2 制动控制单元 BCU ……………………………………………… 088
8.3 流量计 …………………………………………………………… 090
8.4 高速电空阀 ……………………………………………………… 091
8.5 压力传感器 ……………………………………………………… 091
8.6 主要阀类部件 …………………………………………………… 092

第 9 章 制动柜及其模块 …………………………………………… 094
9.1 制动柜总成 ……………………………………………………… 094
9.2 列车/均衡控制模块 ……………………………………………… 095
9.3 制动缸控制模块 ………………………………………………… 097
9.4 停放控制模块 …………………………………………………… 099
9.5 升弓控制模块 …………………………………………………… 100
9.6 主压缩机启停控制模块 ………………………………………… 101
9.7 撒砂控制模块 …………………………………………………… 101

参考文献 ………………………………………………………………… 103

第1章 概 论

1.1 朔黄铁路概况

朔黄铁路（神黄铁路组成部分，见图1-1）西起山西省神池县神池南站，与神朔铁路相连，东至河北省黄骅市黄骅港口货场，正线总长近598 km，设计为国家I级干线、双线电气化铁路，重载路基，设计年运输能力为近期3.5亿吨（2013年），远期4.5亿吨。1997年11月25日正式开工，1999年11月1日全线建成，总投资150亿元，是我国目前投资与建设规模最大的并一次性建成双线电气化的一条合资铁路，也是我国西煤东运第二大通道和神华集团矿、路、港、电、航、油一体化工程的重要组成部分，在全国路网中占有重要地位。特别是对加快沿线地方经济发展，保证华东、东南沿海地区能源供应，扩大我国煤炭出口能力具有极其重要的战略意义。

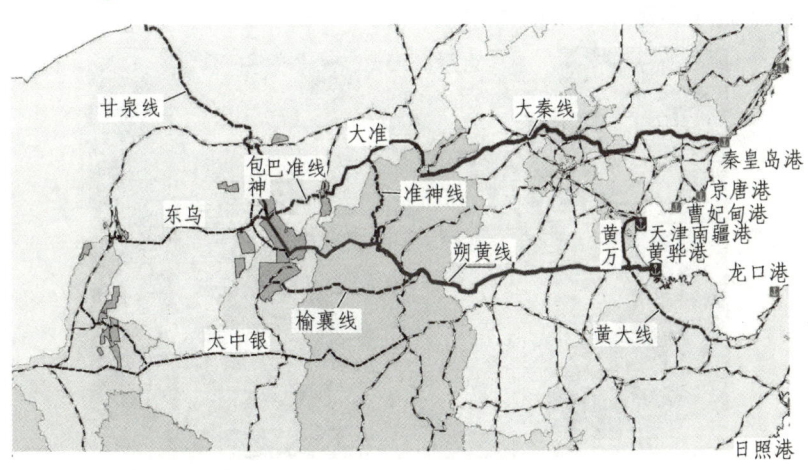

图 1-1　神华铁路网

朔黄铁路的主要特点是地形地貌复杂，海拔落差大，多为山区铁路，桥隧相连、坡陡弯急，坡道集中在神池南到肃宁北这一段，尤其是宁武西—原平南和南湾—小觉区间，基本都是 10‰ ~ 12‰ 的长大下坡道，如图 1-2 所示。

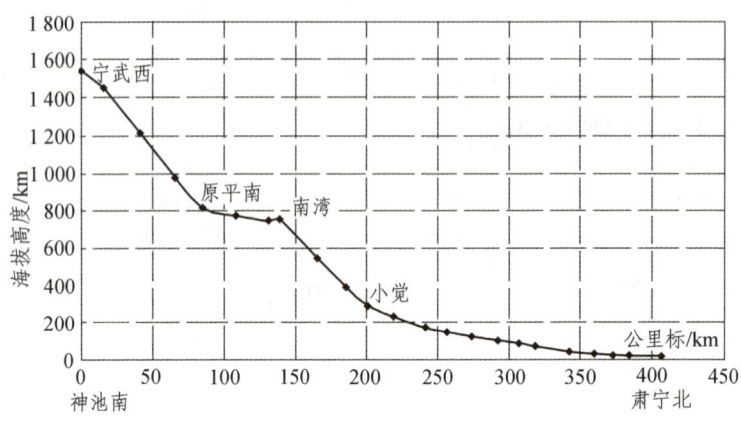

图 1-2　朔黄铁路海拔落差

朔黄铁路运营的主力机车型号为 SS_4 型（包括 SS_{4B} 和 SS_{4G}）8 轴货运电力机车，该机型是我国第 3 代无级调速、交直传动的相控货运电力机车，SS_{4B}、SS_{4G} 型机车的牵引、制动特性基本一致（以下以 SS_{4B} 为例）。

SS_{4B} 型电力机车外观如图 1-3 所示，基本参数如表 1-1 所示，牵引、制动特性曲线如图 1-4、图 1-5 所示。

图 1-3　SS_{4B} 型电力机车

表 1-1　SS_{4B} 型电力机车基本参数

项目	参数
电传动方式	交-直
轴式	2（B_0-B_0）
轴重/t	23
控制方式	架控
轮周牵引功率/kW	6 400
持续速度/(km/h)	50
持续牵引力/kN	450（半磨耗）
最高运营速度/(km/h)	100
牵引恒功速度范围/(km/h)	50～80
起动牵引力/kN	628
电制动功率/kW	5 300
电制恒功速度范围/(km/h)	50～84
最大电制动力/kN	382
最大电制速度范围/(km/h)	10～50
电制动方式	电阻加馈制动
机车功率因数	0.9
阻力/(N/kN)（试验公式）	$2.16 + 0.001\,2v + 0.000\,401v^2$

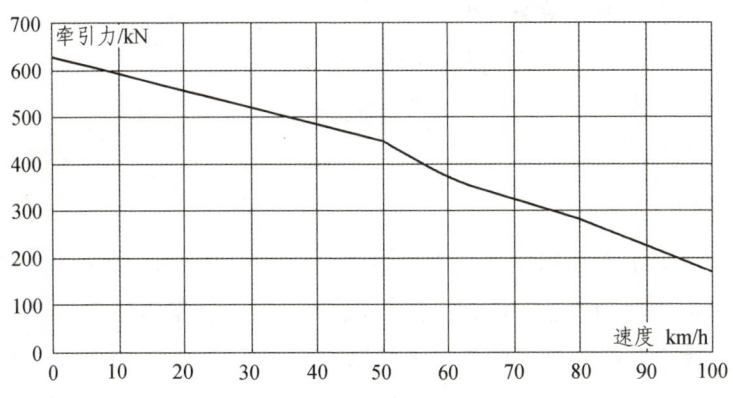

图 1-4　SS_{4B} 型电力机车牵引力-速度特性

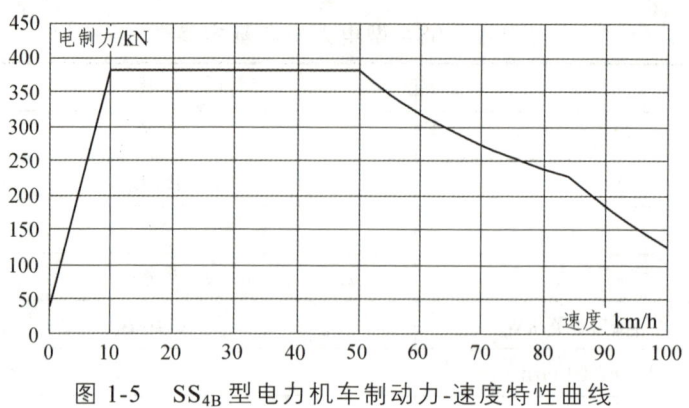

图 1-5 SS$_{4B}$ 型电力机车制动力-速度特性曲线

1.2 机车制动

1.2.1 制动技术概念

列车制动就是人为地制止列车的运动,包括使它减速、不加速或停止运行。对已制动的列车或机车解除或减弱其制动作用,则称为"缓解"。为施行制动和缓解而安装在机车、车辆、列车上的一整套设备,总称为"制动装置"。"制动"和"制动装置"俗称为"闸"。施行制动常简称为"上闸"或"下闸",施行缓解则简称为"松闸"。"列车制动装置"包括机车制动装置和车辆制动装置。不同的是,机车除了具有像车辆一样使它自己制动和缓解的设备外,还具有操纵全列车制动作用的设备。

1.2.2 机车制动方式

1. 闸瓦制动

铁路机车车辆采用的制动方式最普遍的是闸瓦制动。用铸铁或其他材料制成的瓦状制动块,在制动时抱紧车轮踏面,通过摩擦使车轮停止转动。在这一过程中,制动装置要将巨大的动能转变为热能消散于大气之中。而这种制动效果的好坏,却主要取决于摩擦热能的消散能力。使用这种制动方式时，闸瓦摩擦面积小，大部分热负荷由车轮来承担。列车速度越高，制动时车轮的热负荷也越大。如用铸铁闸瓦，温度可使闸瓦熔化；即使采用较先进的合成闸瓦，温度也会高达 400~450 ℃。当车轮踏面温度增高到一定程度时，就会使踏面磨耗、裂纹或剥离，既影响使用寿命也影响行车安全。可见，传统的踏面闸瓦制动适应不了高速列车的需要，需要一种新型的制动装置以满足要求。

2. 盘形制动

盘形制动是在车轴上或在车轮辐板侧面安装制动盘，用制动夹钳使以合成材料或者粉末冶金制成的两个闸片紧压制动盘侧面，通过摩擦产生制动力，使列车停止前进。由于作用力不在车轮踏面上，盘形制动可以大大减轻车轮踏面的热负荷和机械磨耗。另外，盘形制动制动平稳，噪声小。盘形制动的摩擦面积大，而且可以根据需要安装若干套，制动效果明显高于踏面制动，尤其适用于时速 120 km 以上的列车，这正是各国普遍采用盘形制动的原因所在。但不足的是车轮踏面没有闸瓦的磨刮，将使轮轨黏着恶化；制动盘使簧下重量及冲击振动增大，运行中消耗牵引功率。踏面制动和盘形制动都要通过轮轨之间的黏着来实现，因此都属于黏着制动。

3. 再生制动

再生制动是将牵引电动机变为发电机，将电能反馈回电网使用，从而产生制动作用。再生制动用于电网供电的电力机车和电动车组。

4. 电阻制动

电阻制动用于电力机车、电动车组和电传动内燃机车。在制动时将原来驱动轮对的牵引电动机改变为发电机发电，并将电流通往专门设置的电阻器，采用强迫通风，使电阻器发生的热量消散于大气，从而产生制动作用。

5. 线性涡流制动

线性涡流制动是把电磁铁悬挂在转向架侧架下面同侧的两个车轮之间，制动时电磁铁不与钢轨接触，利用电磁铁与钢轨相对运动使钢轨感应出涡流，产生电磁吸力作为制动力，把列车动能转化为热能，消散于大气。

线性涡流制动既不受黏着限制，也没有磨耗问题。

6. 盘形涡流制动

盘形涡流制动是在车轴上装金属盘，制动时金属盘在电磁铁形成的磁场中旋转，盘的表面被感应出涡流，产生电磁吸力并发热消散于大气，从而起到制动作用。盘形涡流制动要通过轮轨黏着才能产生制动力，因此也要受黏着限制。

7. 磁轨制动

磁轨制动是在转向架侧架下面同侧的两个车轮之间，各安置一个制动用的电磁铁（又称电磁靴），制动时将它放下并利用电磁吸力紧压钢轨，通过电磁铁上磨耗板与钢轨间的滑动摩擦产生制动力，把列车动能转化为热能，消散于大气。

8. 液力制动

液力制动应用于液力传动内燃机车上，在液力传动装置内装液力制动器（液力偶合器），制动时向它充入液体，车轮带动它旋转时液体与液体之间、液体与偶合器之间摩擦生热，再经由散热器消散于大气，从而产生制动作用。

1.3　撒砂阀技术的研究现状与发展趋势

1.3.1　撒砂阀技术的现状

撒砂装置是电力机车结构的一个重要组成部分，现有的撒砂装置在使用时存在诸多问题，如砂箱经常堵塞且不易清理、砂子质量要求严格、操作不方便等，给操作维修带来了不便及安全隐患。针对上述问题本项目对电力机车撒砂装置进行技术改造，将使其能够达到均匀集中快速撒砂的效果，提高机车制动性并使其更易操作、便于维修。

目前，国内外机车使用的撒砂设备，从工作原理上分为两种，一种是压力撒砂，另一种为重力撒砂。朔黄公司 SS_{4B} 型机车上使用的撒砂阀是国产电力机车上通用的一种撒砂阀。该撒砂阀的作用原理是：总风压力进入撒砂阀后分成两路，一路沿小孔进入砂箱底部，以便吹撒砂粒沿撒砂通道流出，另一路沿小孔向通道吹出，利用气流将砂子吹向轨面。撒砂量的调整是通过调整进风量的大小实现的。这种结构的撒砂阀普遍存在以下两个故障：

（1）通向砂箱底部的风口易被砂子堵塞，造成不下砂。日常及修程中检查时经常会发现风口被砂子堵塞的问题，需要用钢针对风口进行清理，钢针清理不了的需要拆下处理，增加了日常及修程机车的工作量。

（2）由于撒砂量是通过调整进风量进行控制的，而总风压力、进风口的几何形状、风量调整螺栓的锥面锥度等都会对进风量产生影响。因此，对于同样的撒砂量，不同的撒砂量的螺栓调整量是不一样的，这就对撒砂量的调整工作增加了难度。另外，由于该型号撒砂阀的加工精度很低，加工比较粗糙，导致调整的灵敏度很低，调整的时候不是过大就是过小，无法达到 0.7～1 L/min 可随意调整的要求，无法满足实际需要。

1.3.2　撒砂阀开发概况及水平

国内自主生产的机车都采用的是重力撒砂设备，虽然不同型号机车撒砂设备的结构有所不同，但工作原理相同，都是通过对进风量的控制，控制撒砂量的大小，这就不可避免地存在易发生堵塞、撒砂量调整困难、撒砂不均匀的问题，造成石英砂大量流失，运营成本偏高。

1.3.3　研究与发展趋势

需研制与现有国内生产的机车撒砂设备工作原理不同，采用对出风量进行控制，通过对设备参数的调整，就能自动控制撒砂量的新型重力撒砂设备——机车免调试精密撒砂阀，以有效提高石英砂的利用效率，降低万吨公里石英砂的消耗量，降低运营成本，增加经济效益。

1.4 背景及研究意义

1.4.1 立项背景

随着我国国民经济的迅速增长，货物输送量急剧上升，高速重载化已成为我国铁路发展的方向。朔黄铁路发展有限公司为进一步提高输送能力，现已成功地在神朔线、朔黄线开行了万吨组合列车。万吨组合列车的开行除了需要机车自身的运行系统稳定外，撒砂设备的可靠性也直接关系到万吨组合列车的安全开行和平稳操作。

为提高列车的技术速度，采用电阻制动为主的操纵方式，但由于机车牵引列车为 5 000 t 或万吨的重载列车，在长大坡道上，SS_{4B} 型机车的电制动功率明显不足，无法满足全列车制动调速的需要，在实施电阻制动的同时还要实施空气制动，以弥补电阻制动功率不足的问题。在电阻制动初始阶段以及在实施空气制动、缓解空气制动的阶段，列车会产生一定的冲动，易造成机车滑行。另外，在雨、雪天气条件下，在起动和爬坡阶段由于阻力增大，容易造成机车车轮空转，为此需向轨道喷撒石英砂来增加摩擦力，提高爬坡力。此外，在机车电阻制动工况发生变化和出隧道口时，由于电阻制动力的变化和黏着系数的变化而产生滑行，在这些特殊时间段上都需要提前撒砂，以防产生滑行，影响列车运行。

朔黄铁路自西向东全长 594 km，西高东低，海拔落差 1 500 m，从神池南至西柏坡有超过 240 km 的长大下坡道，最大坡度为 12‰，朔黄线 SS_{4B} 机车牵引总重 5 676 t，是我国西煤东运的第二条重载铁路，机车日均走行达到 850 km 以上，年走行达 30 多万千米。

由此可见，由于朔黄铁路机车使用效率高，运行环境特殊，在机车运行的过程中，对石英砂的需求量是很大的。目前，国内标准石英砂的价格与普通砂子的价格相差很大，如果撒砂量调整得过小，会影响列车安全运行；如果撒砂量过大，又会造成石英砂的大量流失和浪费。因此，合理地控制撒砂量和研究免调试精密撒砂装置是我们迫切需要解决的问题。

1.4.2 研究意义

朔黄电路机车撒砂阀的安装部位如图 1-6 所示。由于朔黄铁路机车使用效率高，运行环境特殊，在机车运行过程中常常发生电阻制动功率不足的问题，这就需要向轨道喷撒石英砂来增加摩擦力，提高爬坡力，以保证机车的安全运行。另外，在雨、雪天气条件下，在起动和爬坡阶段由于阻力增大，容易造成机车车轮空转，给铁路行车安全带来诸多的风险。

图 1-6　撒砂阀的安装部位

随着朔黄铁路运输量的不断扩大，对撒砂阀设备的应用要求越来越高，撒砂阀撒砂不及时或过多都会对机车的行驶带来极大的安全隐患。因此，开发新型撒砂阀设备势在必行，十分必要，它的应用能有效地发挥撒砂设备对铁路运输安全的预防作用，具有重大的社会意义和经济效益。具体如下：

1. 有利于减少石英砂消耗量，降低运营成本

对朔黄线而言，机车用砂是保证机车良好运行不可缺少的一个条件。国内标准石英砂的价格与普通砂子的价格相差很大，如果撒砂量调整得过小，会影响撒砂效果；如果撒砂量过大，又会造成石英砂的大量流失和浪费。SS_{4B} 型机车上使用的撒砂阀是国产电力机车上通用的一种撒砂阀，该撒砂阀存在易发生不下砂故障和撒砂量调整困难、撒砂量偏大等问题，造成石英砂的浪费严重，增加了运营成本。因此，减少机车非必要撒砂，研制出一套控制机车非必要用砂的装置是迫切需要的。免调试精密撒砂阀完成运行试验全面使用后，将可节约石英砂 40%以上，不仅可节省机车用

砂的购置费用，而且还可节省烤砂、上砂、清扫及管道清淤的费用，按 1.7 亿吨年运量计算，每年可节约成本 100 万元以上，可大大提高石英砂的利用率，降低运营成本。

2. 有利于确保机车安全经济运行

在列车运行中，由于重载列车的开行，机车牵引吨位大、辆数多，列车起动困难，尤其在遇到爬坡时，由于牵引吨位大，列车长，操纵不当就容易造成坡停事故。为防止牵引长大重载列车的坡停事故，增加机车的黏着牵引力就成为了重要的调研课题，在探讨各种坡停主要原因的过程中，空转是诸多原因中的主要原因，也是最易发生的原因之一。在制止空转的诸多办法中首先是要增加机车的黏着牵引力，在适当降低机车功率的同时，想办法增加机车的黏着牵引力，适当撒砂是最简单、最方便而有效的方法之一，所以砂子与机车的关系是十分密切的。机车牵引列车，采用撒砂增加轮周牵引力，是一种简易可行的措施。在冬天或潮湿气候条件下工作，钢轨与轮对之间是两个比较光滑的平面，黏着系数低，一般为 0.23～0.25（理论计算值要高一些），如果轮轨间再有雪、霜、冰、水、油等物质附在上面，黏着系数会降得更低，甚至为 0，所以，为克服或减少空转现象的发生，有效增加车轮与铁轨间的摩擦等级，是保证铁路机车安全有效运行的关键。但撒砂有一定的要求，并不是砂子越多越好，撒少了起不到作用，撒多了机车消耗不完。撒砂操作不当，不但不能增加机车的黏着牵引力，反而会增加机车的运行阻力。在运行中遇到雨、雪、霜天气，动轮发生空转不撒砂将可能造成牵引电机的损毁。因此，为增大摩擦力，使牵引力与黏着力找到一个适合的平衡点，就需要撒砂，免调试精密撒砂阀装置可有效控制撒砂量，有利于确保机车安全经济运行。

1.5 主要研究内容

针对撒砂阀设备易发生不下砂的部位和原因，在广泛借鉴兄弟单位的技术措施、参考国内外先进并实用的撒砂阀设备的基础上，对撒砂设备的各部分展开研究。

设备构成：

（1）机壳部分：采用QT60-2球墨铸铁精铸成型，它具有体积小、质量轻、结构合理、外形美观、接口一致、安装简单、操控方便、性能可靠，及互换性、使用寿命长的特点，备受维修和车检师傅的欢迎。

（2）通气部分：充气室一端连接砂箱，另一端即为出砂口。其工作原理是：操作工按动传感器按钮，迅即有8 MPa的高压气流顺喷气管进入沙箱，在高压气流的作用下，砂子从箱体流出，同时另两个喷气咀顺砂流方向喷出，通过二次加压，将砂子准确送入指定的工作面。

（3）自控部分：采用一键式传感控制，可达成撒砂量均匀和集中，并能在技术要求范围内准确控制喷出的砂量，无需工人调试。砂阀喷砂量到达车轮及道轨的自动化水平可高出国内同类产品。

1.6 技术路线

结合朔黄铁路运输条件、撒砂工作状况，从理论方面探索适合朔黄铁路条件、撒砂均匀的撒砂阀结构组成和控制撒砂量因素，再通过试验验证，制订定了严谨的技术路线。

1.6.1 免调试精密撒砂阀装置解决方案

通过调研，了解撒砂阀的具体要求，与直接接触撒砂阀的员工多联系多沟通，总结以往撒砂阀的优缺点，确立初步解决方案。将方案多次审计、修改，确立最终方案。

1.6.2 撒砂阀内流场仿真模拟优化

对方案中的撒砂阀结构设计进一步验证。采用CFD（Computer Fluid Dynamics）技术，模拟气固两相流动，对技术方案和模型构造进行模拟与修改。

1.6.3 现场试验验证

将模拟成型的产品实际生产出来，进行微调试，在搭建的试验平台上进行试验，用结果证明理论。

1.7 实现目标

经过多次试验，设计并制造的新型撒砂阀与 SS_{4B} 机车原有撒砂阀的接口一致，具有互换性，能实现撒砂量在技术要求的范围内准确控制，不需要调试。能实现对撒砂流量的均匀控制，撒砂集中不分散，能实现多个撒砂量等级有效控制。主要技术指标如下：

（1）运行环境温度：-40 ~ +45 ℃。

（2）与国产电力机车用撒砂阀具有良好的互换性，且安装方式相同。

（3）撒砂量在 0.7 ~ 1.5 L/min 范围内可调，标定撒砂量为（1±0.2）L/min。

（4）撒砂阀紧固装置牢固可靠，不因机车的振动而发生松动。

（5）砂箱底层砂石发生板结时，通砂方式简单方便。

（6）日常免维护。

（7）撒砂阀阀体具有一定强度，在中等强度的外力冲击下不发生破损。

（8）撒砂阀内部部件的使用寿命不低于 100 万 km。

（9）撒砂阀阀体内、外部防腐处理。

（10）适用风源压力：500 ~ 900 kPa；标定压力：500 kPa。

第 2 章　撒砂系统的研究

2.1　概　述

在铁路运输中，机车依靠在轮轨滚动接触过程中移动接触面上产生的黏着力来实现牵引和制动，机车有效功率的充分利用受到轮轨间黏着水平的限制。当机车的轮周牵引力超过轮轨间所能产生的黏着力最大值时，机车动轮就会发生空转，造成黏着破坏，出现空转或滑行等影响行车安全的现象，影响机车车辆的牵引和制动性能。

轮轨间的黏着与机车的轴重、轮径、轮轨几何形状、车轮材料特性、轮轨状况都有关系，其中轨面状况是指轮轨接触表面的粗糙度和轮轨间是否有第三介质，如水、油和其他有机污染物，是决定轮轨间有效黏着的最重要因素。有试验显示，如果轮轨界面有水介质，黏着系数会随着速度的提高而显著下降。采取撒沙或喷射陶瓷粒子等增黏剂可以改善轮轨状况，提高黏着系数。因此，保证轮轨接触面的清洁或使用增黏着材料，对提高黏着是十分有效的。

砂对轮/轨接触点黏着系数的良好作用已为人们所认识，撒砂系统从轨道交通运输发展初期就得到应用。撒砂管是最有效的一种安装到轨道车辆上的早期辅助装置。最早的撒砂装置结构非常简单。在蒸汽机车时代，为使砂保持干燥，用一安放在锅炉顶部的箱子来盛砂，有人称其为"砂钟"。用机械式驱动的阀来调节施于轨道上的砂量（体积）。通常只是利用重力将砂施于被驱动的第一对车轮前方的轨道上。采用当时的技术，砂的作用仍足以用于改善后续车轮的黏着性。但是，常常会出现一个问题，即施于两条轨道上的砂量显著不同，这就使黏着系数不等，在极端情况下，会引起车轮轴承甚至轨距杆的损坏。

大量研究和多年实践清楚表明：当砂施于脏轨上时，黏着系数会显著提高。砂量和砂粒尺寸对于提高施砂效率和砂功能的发挥起重要作用。重要的是，砂必须能自由流动而且不被黏土或矾土污染。经验证明，高石英含量的砂比较好。今天，如果司机要对行驶的列车撒砂，就用压缩空气将砂以足够高的速度直接吹向轮轨之间的间隙（在间隙正在变小的一侧）。车轮的旋转将砂带进轮/轨运行表面之间，在此经受滚压。砂是通过打碎润滑膜而发挥作用的。究竟是砂粒取代润滑膜还是砂粒使两接触面变粗糙，机理尚不十分清楚。撒砂系统部件如图 2-1 所示。

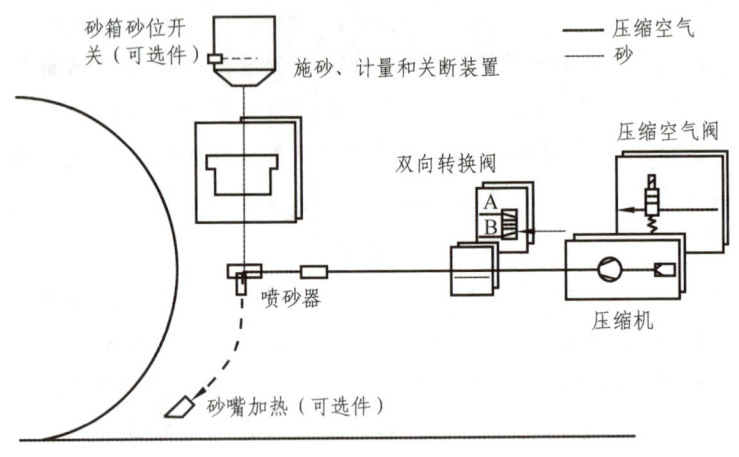

图 2-1　撒砂系统部件

2.2　撒砂的作用

轨道车辆的前进是靠在轮/轨之间接触点施加切向力实现的。在接触点传递这些力，是以称之为"摩擦连接"的物理作用为基础的。

根据黏着系数的不同，与法向力成比例的切向力是沿与法向力垂直的方向产生的，其大小因黏着系数而不同。对于轨道车辆，这种切向力既可用于加速，亦可用于减速。

如果车轮和轨道都是清洁而又干燥的，即使不撒砂，可用黏着系数也是足够的。但是，如果接触表面潮湿和/或不清洁，可实现的黏着系数可能就会过低。在这种情况下，产生的切向力会小于牵引电动机或制动机施加的力，于是车轮开始空转或滑行。

这种情况会使加速和/或制动列车所需要的距离长许多。除了存在运行安全性降低的危险以及能量浪费外，还会使轨道和/或车轮磨损量过量增大，使维修成本不成比例地提高；旅客舒适度也会受影响；列车运行也可能严重晚点。由于这些原因，最主要的问题就是防止铁路车辆在正常运行过程中发生车轮空转或打滑。这一点在一定程度上是通过调整制动和牵引控制实现的，但同时也利用了撒砂功能，撒砂使其黏着系数有一定程度的提高。为保证即使在不利运行条件下（诸如轮/轨接触面被污染）也能获得足够的黏着系数，利用适当的压缩空气喷束将砂导入目标处——轮/轨之间的间隙。这样，在轨道车辆上安装撒砂装置的主要理由就在物理上解释清楚了。

如果撒砂系统具有理想的特性，它们就能够增强铁路运输的安全性和降低运用成本。

2.3 对撒砂系统的要求

对现代铁路车辆的要求一直是越来越严格。

为提高经济性和/或保证铁路仍比其他运输方式更具竞争力，列车正变得越来越快、越来越安全。它们能够以较小的空间运送越来越多的旅客，而有效运行时间更长。与此同时，还要顾及减少能源消耗和降低维修成本的要求。这样，也导致对每个零部件要求的提高。

可以依据下述评价标准来衡量撒砂系统：

（1）精确的再现功能和高的安全和可靠性。

（2）对铁路环境无条件的适应性。

（3）在撒砂系统运行过程中对撒砂系统功能进行监视（检测砂流量）

和/或记录砂消耗量。

（4）通过优化砂流效率和/或最大限度地减少砂损失来保护环境（撒砂体积精确调整和高再现性）。

（5）低能量要求。

（6）在车辆中撒砂系统部件的位置可以改变（在车辆的概念设计和结构设计中更有利于空间的利用）。

（7）通过紧凑的设计和采用多重撒砂结构（诸如以单一砂箱向2根或4根砂管定量供砂），从而使撒砂系统的重量和零部件得到优化。

（8）系统设计成零维修（大修除外）。

（9）系统成本（成本/效益比）令列车制造商和铁路用户皆满意。

目前我国电力机车和内燃机车，在轮轨低黏着状态下采用撒砂来提高牵引黏着力，在运用过程中对撒砂系统的标准要求不一致，撒砂量太小起不到增黏的效果；撒砂量过大虽能改善牵引黏着，但也会对轨道电路、道床等方面带来负面影响。显然，只有更好地了解不同撒砂方式对改善黏着的效果，才能更有效地利用机车的牵引和制动性能，延长轮轨使用寿命，这对铁路行业的发展有着重要意义。

根据 GB/T 1.1—2009，机车撒砂控制技术要求为：

2.3.1 撒砂量控制要求

机车各撒砂装置的撒砂量应为 0.3~0.7 L/min，并能使砂均匀撒出。

2.3.2 紧急制动停止撒砂速度要求

机车紧急制动停止自动撒砂的速度应为 15~20 km/h。

2.3.3 出砂口位置要求

机车全整备状态下，撒砂管出砂口位置为距踏面 15~30 mm、距轨面 25~30 mm，并朝向轮轨接触点。出砂口位置如图 2-2 所示。

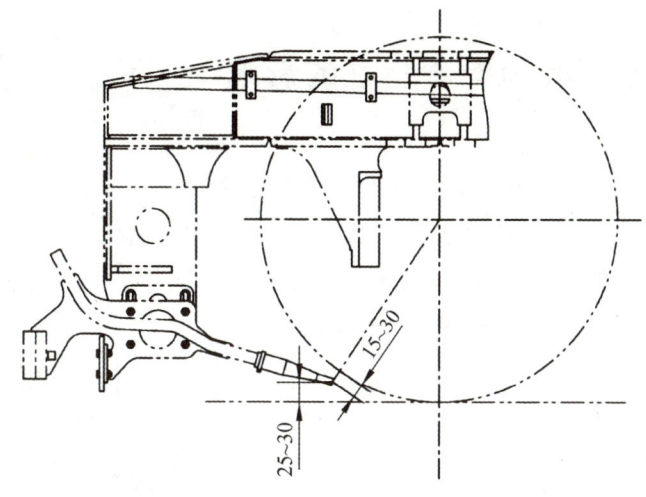

图 2-2 撒砂管出砂口示意图

2.3.4 检验方法

1. 试验准备

试验前，机车每个砂箱均装上满足 TB/T 3254—2011 要求的砂子。

2. 撒砂管出砂口位置检验

撒砂管出砂口位置应使用精度不低于 0.5 mm 的测量器具进行测量，并满足前面的规定。

3. 机车撒砂装置撒砂量测量

撒砂装置撒砂量测量应按前进和后退方向分别进行，同时测量同一方向各撒砂装置 1 min 内的撒砂量，测量器具应为最小刻度 0.1 L 的量杯。对单个撒砂装置进行调整后，同一方向的撒砂装置撒砂量应重新测量。机车撒砂装置撒砂量应满足前面的规定。

4. 紧急制动停止撒砂速度检验

在机车运行速度大于 60 km/h 时，施行紧急制动，测试制动过程中撒砂电磁阀状态和机车瞬时速度。机车紧急制动停止自动撒砂的速度应满足前面的规定。

2.4 撒砂对轮轨黏着特性的影响

大多数运行中的机车都要求有足够的轮轨黏着力，如果需要撒砂就要选择合适型号的砂子及撒砂器必须把所需量的砂子恰好撒在轮轨接触界面上。实际中撒砂的增黏效果虽然明显，但在不同环境下增黏的效果及增黏机理依然模糊，这需要进一步深入研究。

2.4.1 试验简介

试验采用 Hertz 应力模拟准则进行，即实验室工况和现场工况下轮轨平均接触应力或最大接触应力相等；实验室工况和现场工况下轮轨接触椭圆斑的长、短半轴的比值相等。因此，试验测试得到的黏着系数变化规律能够反映现场实际运用情况。模拟轮轨试件的尺寸如图 2-3 所示。

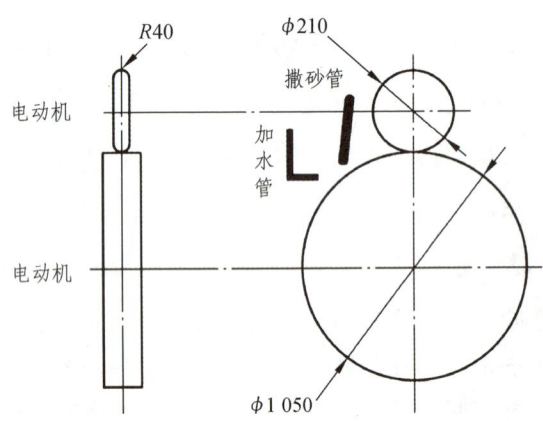

图 2-3　轮轨试件几何结构及加水方式示意图

试验中为了保证模拟的准确性，模拟轮轨试件的材料由真实的轮轨材料制作而成。表 2-1 为模拟轮轨材料各元素的质量分数；表 2-2 为模拟轮轨材料的力学性能。

表 2-1　模拟轮轨材料各元素的质量分数 w/%

	C	Si	Mn	P	S	V
模拟轨	0.71~0.80	0.50~0.80	0.70~1.05	≤0.03	≤0.03	0.04~0.12
模拟轮	0.62~0.77	0.62~0.77	1.35~1.65	≤0.04	≤0.05	—

表 2-2　模拟轮轨材料的力学性能

	抗拉强度 σ_b/MPa	收缩率 δ/%	缩口率 ψ/%	维氏硬度 $HV_{0.2}$
模拟轨	≥1 000	≤10	≤14	≥241
模拟轮	≥800	≤11	≤14	229

试验选取的砂子为现场撒砂使用的砂子。图 2-4 为细砂与粗砂的照片。细砂颗粒的直径范围为 0.4~0.6 mm，平均直径为 0.5 mm；粗砂颗粒的直径为 0.9~1.6 mm，平均直径为 1.3 mm。石英砂的质量分数大于 90%，黏土的质量分数不超过 2%。

（a）细砂

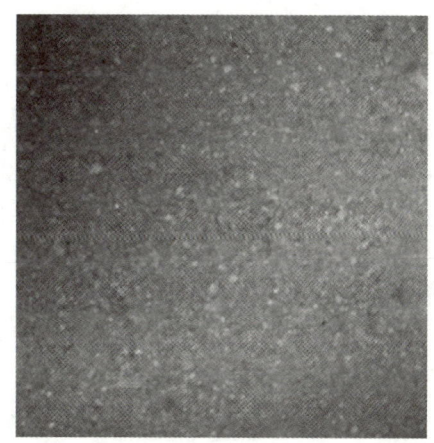
（b）粗砂

图 2-4　细砂与粗砂照片

水介质通过医用输液管加在离两轮接触斑 200 mm 处的模拟轨上，加水速度为 5 mL/min，水温（20±2）℃，先让轮轨接触斑之间充分形成水膜，以此来模拟雨天。在此基础上利用 PVC 管撒砂可保证匀速撒砂。PVC 管撒砂口距离模拟轨轨面 50 mm、距离模拟轮踏面 30 mm。撒砂的方向同模拟轮轨旋转的方向相反。为了防止砂子颗粒进入试验装置,试验装置的表面均由塑料布和胶带予以密封。

试验中,轮轨黏着系数 μ 为轮轨间的黏着力 F_t 除以法向力,即

$$\mu = \frac{F_t}{F_v}$$

试验参数如下:模拟车速为 60 km/h;模拟轴重为 21 t;蠕滑率为 1.5%;撒砂量分别为 10 g/min、30 g/min、50 g/min 和 60 g/min。

2.4.2 结果与分析

1. 水介质下粗/细砂对轮轨黏着系数的影响

图 2-5 为轮轨接触从干态工况下转入水介质工况下运行时测得的一组轮轨黏着系数随模拟轨循环次数变化曲线。由图 2-5 可知,当轮轨接触从干态转入水介质工况运行时轮轨黏着系数会急剧下降,降低 50%~60%。

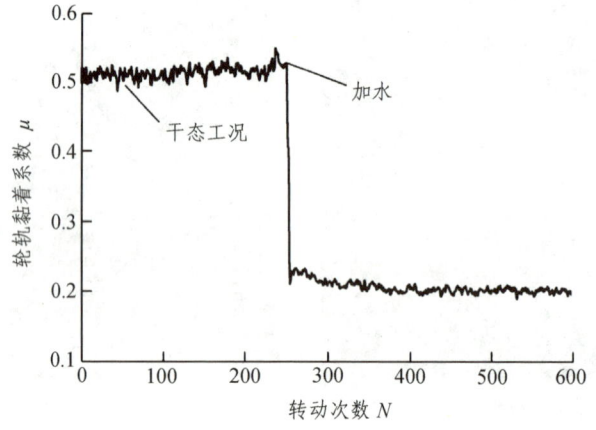

图 2-5 加水对轮轨黏着系数的影响

图 2-6 给出了轮轨接触斑微观示意图。车轮被假设成为光滑表面,而实际情况中车轮也会有粗糙度。GREENWOOD 已经证明在弹性接触条件下,可以将两个粗糙表面的接触等同于一个光滑表面和一个等效粗糙表面的接触。干态工况下,轮轨之间的黏着力是接触表面内的固体粗糙峰接触

产生的切向力，如图 2-6（a）所示。水介质工况下，轮轨之间的黏着力是接触表面内凹凸不平的固体粗糙峰接触产生的切向力与存在凹凸的低谷之间的流体产生的切向力之和，如图 2-6（b）所示。接触表面内的固体粗糙峰接触数量大大少于干态工况下，且水的抗剪切系数很小，水膜产生的切向力也很小，所以水介质下轮轨黏着系数大大小于干态工况下轮轨黏着系数。在水介质工况下极易发生滑行，轮轨黏着力降低，从而造成车轮和钢轨的擦伤或剥离损伤。为了避免这种情况，实际中需要进行撒砂以提高轮轨间的黏着力。

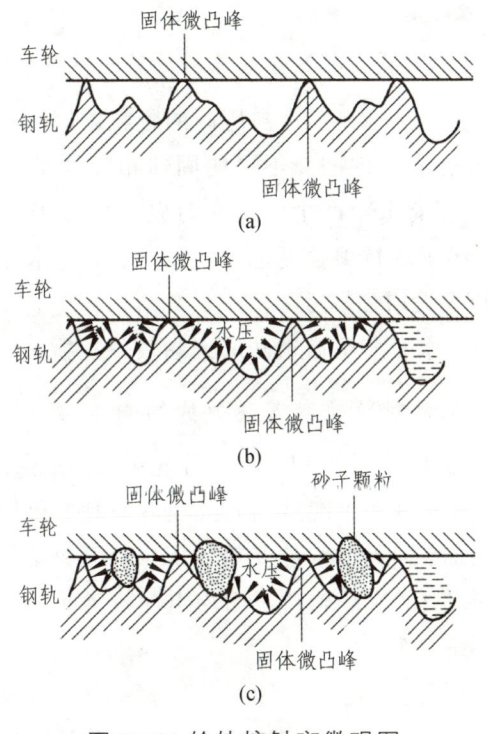

图 2-6　轮轨接触斑微观图

图 2-7 为水介质工况下撒粗/细砂后轮轨黏着系数的曲线（撒砂量均为 50 g/min）。结果表明：水介质工况下撒细砂增黏效果明显，黏着系数由 0.20 增大至 0.30 左右，黏着系数增加可达到 50%，此外水介质下撒细砂发现振动增加。水介质下撒粗砂，轮轨黏着系数由 0.20 左右增大至 0.33 左右，黏着系数增加近 65%，而且水介质工况下撒粗砂发现轮轨振动明显

增加，且撒粗砂比撒细砂振动更加强烈。因此，水介质下撒砂带来高黏着的同时，也会使钢轨和车轮的使用寿命降低。

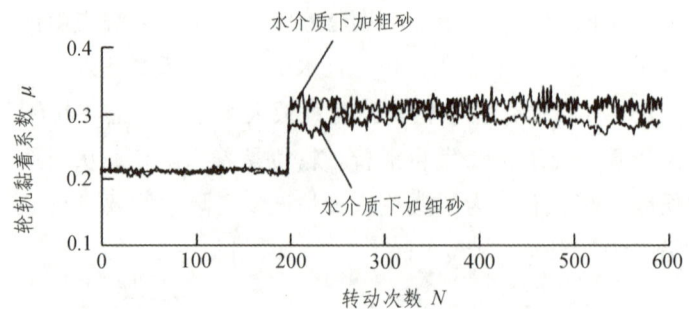

图 2-7　水介质工况下撒粗/细砂后轮轨黏着系数曲线

如图 2-6（c）所示，撒砂后，被压碎的颗粒镶嵌进轮轨接触面内，轮轨黏着力则是由接触表面内凹凸不平的固体粗糙峰接触产生的切向力与存在凹凸的低谷之间的水膜产生的切向力以及由砂子颗粒与轮轨接触产生的切向力之和，砂子的抗剪强度远远大于水，因此水介质工况下撒砂后会使轮轨黏着系数大大增加。

由图 2-7 可知，水介质下撒粗砂的增黏效果比撒细砂的增黏效果好。

2. 干态下粗/细砂对轮轨黏着系数的影响

图 2-8 为干态工况下撒粗/细砂后轮轨黏着系数曲线（撒砂量 50 g/min）。由图 2-8 可知，干态撒细砂及粗砂增黏效果均不明显，轮轨黏着系数有轻微的增加，但是撒细砂及粗砂后振动明显增加，且轮轨磨损急剧增大，模拟轮转动 10^4 次后轮轨表面均出现较为明显的剥离损伤现象，因此干态工况下不需撒砂。

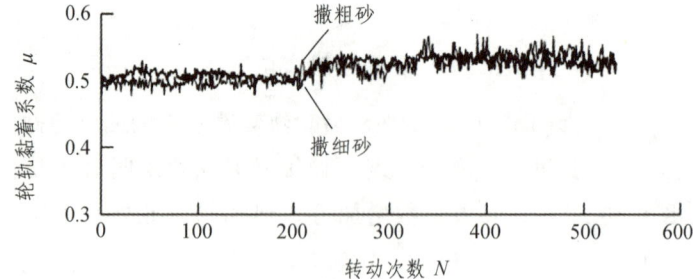

图 2-8　干态工况下撒粗/细砂后轮轨黏着系数曲线

3. 撒砂量对轮轨黏着系数的影响

撒砂是将砂子撒在提供动力的机车的轮轨之间,这样可以起到增黏作用,但撒砂量的多少是一个重要问题。当撒砂量过于少时,轮轨的增黏效果不理想,达不到预期目的。当撒砂量过大时,压不完的砂子留在轨道上,由砂子的作用机理可知,后面车辆的车轮压在砂子上会起到增加阻力的作用,因此需要寻找一个合理的撒砂量。

图 2-9 为水介质工况下撒砂量对轮轨黏着系数影响曲线(粗砂)。由图 2-9 可知,在水介质工况下撒不同量的砂均有增黏效果。在撒砂初始阶段,当撒砂量为 10 g/min,增黏效果不明显,轮轨黏着系数由 0.20 提高到 0.23;当撒砂量为 30 g/min 时,轮轨黏着系数提高到 0.29 左右;当撒砂量为 50 g/min 时,轮轨黏着系数提高到 0.33 左右。因此,随着撒砂量的增加,轮轨增黏效果更加明显。

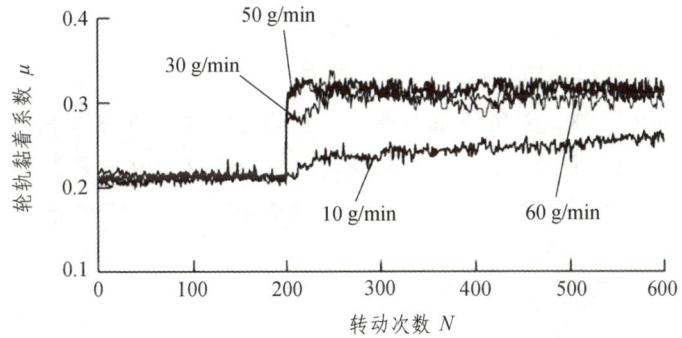

图 2-9 水介质工况下撒砂量对轮轨黏着系数影响曲线

从图 2-9 中也可得知,撒砂量过小时,增黏效果不明显;撒砂量过大时,多余的未被碾碎的砂子,起不到增黏的效果。为了避免这种情况,实际中需要选择合适的撒砂量,在本次试验工况下 50 g/min 的撒砂量为较适宜。

综上所述:① 水介质工况下撒砂可增加轮轨黏着系数 50%~65%;干态工况下撒砂对轮轨黏着系数有较小影响。② 水介质下撒砂的增黏效果主要取决于砂子颗粒的直径及撒砂量,大砂粒直径的增黏效果更佳。

2.5 单机紧急制动后大量撒砂故障分析

2011年1月14日，武汉局湘渝线发生一起单机紧急制动中大量撒砂，造成轨道电路分路不良，闭塞分区占用无显示，导致后续列车与停留单机相撞的事故，该起事故与2005年8月20日郑州局侯月线14605次列车冲突事故，2009年6月4日呼和局京包线DG839次货物列车冲突事故如出一辙。

2.5.1 原因分析

列车在运行过程中，由于轮对与钢轨接触，短路了两根钢轨的回流通路，在控制台上形成红光带，表示列车占用，同时已越过信号机信号显示由进行信号变为禁止信号以防护后续列车。一般情况下，即使列车（包括机车）个别轮对与钢轨接触不良时，相对全列车来说总会有几个轮对与钢轨能保持良好接触，但单机就有所不同。以SS_3型机车来举例，SS_3型机车总共有6个轮对，运行中如果采取紧急制动的话，由于紧急位得电会造成撒砂阀常得电，撒砂阀常得电会造成持续撒砂，一旦条件耦合，撒砂量稍大的话会将6个轮对垫起，在轮对与钢轨之间形成一个绝缘层，这是极其危险的。由于绝缘层的存在，本该在控制台上形成的红光带没有形成，也造成无列车占用的假表示，同时也造成越过信号机本该显示禁止信号而错误地显示为进行信号，从而造成后续列车与前行单机追尾。

2.5.2 解决方案

从2005年郑州局侯月线14605次列车冲突事故至今已经发生了至少3起同类事故，各铁路局做了大量的工作，对单机追尾进行了预防，但还是不能避免事故的发生。事后的预防不能单一地要求执乘司机去进行卡控防止事故，而是要从规章制度修订、专业管理、机车改造、结合部管理等方面入手，齐头并进，多方面进行卡控，从而有效预防事故的发生。

1. 修订相关规章制度，规范车机联控内容

一是单机在区间被迫停车后，执乘司机在汇报时必须在车次前冠以"单机"二字，以引起列车调度员、车站值班员、后续列车司机的高度重视。二是后续列车在接到前方冠有"单机"的列车在区间被迫停车的通知后，应立即控制列车运行速度，加强瞭望，遇情况不明时及早采取停车措施。

2. 加强单机停车后作业过程的控制

凡单机在自动闭塞区间停车后，必须严格执行"先防护、后汇报"程序，高度重视自动闭塞区间单机（包括专列回送的机车及自轮运转设备）运行安全，将单机在自动闭塞区间停车作为重大危险情况组织非常处置。单机在自动闭塞区间停车后，执乘司机须立即先使用轨道短接线在运行前方 20 m 处对本分区轨道电路进行可靠短接，然后立即使用列车无线调度通信设备向车站值班员、列车调度员及后续列车报告单机停车位置（遇机车停于列车无线调度通信设备盲区时，使用移动电话或区间通话柱向两端车站汇报），再将单机向前移动不少于 15 m（特殊原因无法移动时除外）。被迫停车后可能妨碍邻线时，执行《铁路技术管理规程》第 293 条规定，做到宁可错拦邻线列车，也要采取轨道电路短接措施。车站值班员应立即报告列车调度员，列车调度员要立即布置相关车站通知该次单机的后续列车不得进入该区间，对已经进入该区间的列车要立即通知司机停车。各级行车调度员要将自动闭塞区段单机运行作为行车关键进行重点监控。在 CTC 调度集中区段的列车调度员和在非 CTC 区段的车站值班员要分别通过 CTC 系统或 TDCS 系统随时监控单机列车运行，及时发现单机在区间停车、轨道电路占用消失等异常情况，并果断处置。

3. 细化单机运行时的机车操纵

单机执乘司机运行中需控速时，尽量使用电阻制动进行控速，运行中非必要时，不得使用紧急制动停车。在区间使用紧急制动停车后，掌握时机，及时将大闸手柄移至"中立位"，避免因紧急制动引起的持续撒砂造成机车不能对轨道电路有效短接。

4. 调整撒砂装置撒砂量，防止撒砂量过大

以 SS_3 型机车为例，每根撒砂管的撒砂量标准为 2~3 kg/min，机车

在辅修交验时必须保证每根撒砂管的撒砂量在标准范围之内。测量方法是在每根撒砂管上绑一个小布袋，踩撒砂阀 1 min，然后称布袋的重量，布袋的重量就是每分钟纱管的撒砂量，如果是 2～3 kg，视为合格，如果不在此范围之内就视为不合格。必须通过调节砂堵调节螺丝位置来调整撒砂量，直到符合标准为止。

5. 改造机车撒砂控制装置

机车大闸手柄在"紧急位"时撒砂阀会一直得电，目的是增加轮对与钢轨的黏着，防止轮对滑行，但机车停车时就没有必要再撒砂了，所以必须对机车的撒砂控制装置进行改造，如图 2-10 所示。改造后自动控制机车在紧急制动状态下且速度为 0 时停止撒砂，防止撒砂过多造成机车占用无显示现象，从而防止追尾事故的发生。

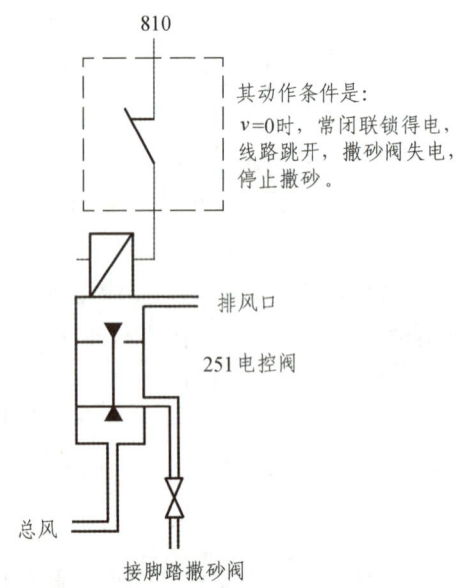

图 2-10　改造机车撒砂控制装置（虚线为改造部分）

第 3 章　免调试精密撒砂阀的研究与开发

3.1　免调试精密撒砂阀装置解决方案

3.1.1　设备功能

免调试精密撒砂阀装置具体功能如下：

（1）新产品与 SS_4B 机车原有撒砂阀的接口一致，具有互换性。

（2）能实现撒砂量在技术要求的范围内（0.7~1 L/min）准确控制，不需要调试。

（3）能实现对撒砂流量的均匀控制，撒砂集中不分散。

（4）能实现多个撒砂量等级标准控制。具体撒砂量标准见表 3-1。

表 3-1　免调式精密撒砂阀撒砂量一览表

序号	扬砂孔型号/mm	计时时间/min	撒砂量/mL
1	0.6	1	500—600
2	0.8	1	600—700
3	0.9	1	700—800
4	1	1	800—1000

3.1.2　设备构成

免调试精密撒砂阀装置由机壳部分、通气部分和自控部分构成。

1. 机壳部分

机壳部分采用 QT60-2 球墨铸铁精铸成型，它具有体积小、质量轻、结构合理、外形美观、接口一致、安装简单、操控方便、性能可靠、互换性好，使用寿命长，易维修等特点。

2. 通气部分

通气部分主要是指充气室。它一端连接砂箱，另一端即为出砂口。其工作原理为：操作工按动传感器按钮，会有 500 kPa 的压力空气气流顺喷气管进入砂箱，在压力空气气流的作用下，砂子从箱体流出，同时另两个喷气咀顺砂流方向喷出，通过二次加压，将砂子准确送入指定的工作面。

3. 自控部分

自控部分主要是指一键式传感控制，可达成撒砂量均匀和集中，并能在技术要求范围内准确控制喷出的砂量，无需人工调试。砂阀喷砂量到达车轮及道轨的自动化水平可高出国内同类产品。

3.1.3 硬件平台搭建

1. 研制设备核心控制平台

新研制的撒砂设备免调试精密撒砂阀，采用高精度数控机床进行加工，再用数控攻丝机加工内丝扣，加工精细度在 0.02 mm 以内，保证了产品尺寸的精密度。在每个环节每加工 50 个，抽样 5 个进行检验，然后组装前再对各个零部件全部进行检验，最后装配。装配完毕后上试验台进行轨道撒砂流量均匀控制，撒砂集中不分散的检测，保证生产出合格的产品。

2. 完成选型

目前，国内机车使用的撒砂设备，从工作原理上分为两种：一种是压力撒砂，另一种为重力撒砂。压力撒砂的加工工艺复杂，加工比较粗糙，调整灵敏度低，且维修成本高，增加日常及修程机车的工作量，无法满足万吨组合列车的实际需要和平稳操作。重力撒砂工艺相对简单、精细，调整灵敏度高，同时维修量小，降低维修成本。在重力撒砂设备的加工工艺基础上，进行技术攻关，研制与现有国内生产机车撒砂设备不同，具有互换性、方便、快捷，同时能自动控制撒砂量的新型重力撒砂设备——机车免调试精密撒砂阀。

3. 设计开发

新研制的撒砂设备免调试精密撒砂阀，沿用重力撒砂设备的特点，在结构及设备参数上进行精密调整，使得撒砂间隙与撒砂量达到动态平衡。当下砂量增大时，砂子对出口的摩擦量增大，通过控制进出风量，及时限制出风压力，缓解压力持续上升，稳定出砂量。撒砂出口间隙压力减小时，通过补充风量，将砂阀出砂口风压稳定在一个很小的波动范围，达到出砂平稳均匀，有效地提高石英砂的利用效率，降低万吨公里石英砂的消耗量，降低运营成本，增加经济效益。

3.2　撒砂阀内流场仿真模拟优化

3.2.1　模拟优化目标

在传统机械设计中，解决问题主要是靠技术人员的经验和直觉来进行的，不可避免地会因为经验和直觉的偏差带来系统可靠性的降低，效率也会比较低，且只能进行定性的描述，无法精确定量进行优化。近年来，由于 CFD（Computer Fluid Dynamics）技术的高速发展，气固两相流动理论不断发展成熟，且计算机速度和容量的大幅度提高，尽管本项目所涉及的气固两相流等问题非常复杂，但以上问题仍然可以借助于计算机模拟来解决。采用 CFD 仿真分析模拟砂阀内部的三维气粒两相流动，对砂阀的结构特征进行优化，用于指导砂阀结构设计，达到提升性能，减小风险的目的。

3.2.2　数值模型

砂阀的原理是通过高压高速空气使砂粒扬起、均匀喷出。砂阀基本结构原理如图 3-1 所示。从图中可以看出，砂阀的上部为充气室，内部为高压气体。高压气体通过充气室下部的 3 个出口分别喷入砂阀内部，其中左侧两个喷嘴右侧一个喷嘴。砂阀的左侧接砂箱，通过 3 个喷嘴中间的喷嘴喷出高压气体将砂粒扬起压出，然后通过右侧的喷嘴将压出的砂粒加速喷至目标位置。左侧喷管上部挡板以及右侧喷管下部挡板的作用是在砂阀停止工作状态时防止砂粒泄漏。而最左侧的小喷嘴是通过喷气改变砂粒的运行轨迹,使砂粒具有向下的速度;同时最左侧的小喷嘴还能有效保护喷管,防止喷管被高速砂粒冲刷破坏。

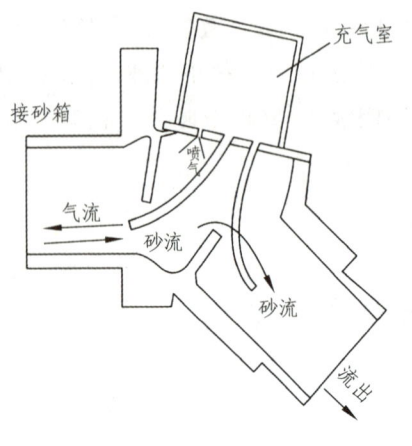

说明
1、阀体安装于砂箱之上。
2、充气室气体压力8 MPa。
3、一根管将高压气流送进砂箱,将砂子压出。
4、另两个喷咀出气流将砂子送出砂口,撒向工作面,达到使用效果。

图 3-1　砂阀基本结构原理图

根据砂阀的基本原理可知,在砂阀的设计过程中,评判砂阀的设计是否合理有 3 个关键因素:

(1)左侧吹砂压砂是否合理。

(2)喷管防冲刷是否合理。

(3)右侧喷管加速是否合理。

根据以上分析以及评判因素,结合 fluent 软件建立了砂阀内气固两相流模型。模型中使用欧拉-拉格朗日方法分别对气相(空气)、颗粒相(砂粒)进行仿真,定量地计算得到砂阀中的气相场、颗粒轨迹线。气相控制方程如下

$$\frac{\partial}{\partial t}\rho + \nabla \cdot (\rho u) = S_{mass} \tag{1}$$

$$\frac{\partial}{\partial t}(\rho u) + \nabla \cdot (\rho u \otimes u) = -\nabla p + \nabla \cdot (\tau + \tau^R) + \rho g + S_{mom} \tag{2}$$

方程中,ρ 为空气密度,p 为空气压力,g 为重力加速度矢量,u 和 v 分别

是空气和砂粒的速度矢量，T 为空气温度，τ 和 τ^R 分别是剪应力和雷诺应力张量。

由于砂阀中空气流速速度较快，因此砂阀中流场流动为湍流流动，需要使用湍流模型来模拟该砂阀内的流动。RNG k-ε 湍流模型是 Yakhot 及 Orza 提出的一种改进的两方程 k-ε 湍流模型。将非稳态 N-S 方程对一个平衡态作 Gauss 统计展开，并用脉动频谱的波数段作滤波的方法，从理论上推导出高 Re 数 k-ε 湍流模型。RNG k-ε 湍流模型在形式上与标准的 k-ε 湍流模型完全相同，它的最大特点在于 ε 方程的产生项系数 C_1 的计算中引入了主流的时均应变率 S_{ij}，这样 C_1 不仅与流动情况有关，而且在统一问题中也还是空间坐标的函数。RNG k-ε 湍流模型如下

$$\frac{\partial}{\partial t}(\rho k) + \frac{\partial}{\partial x_i}(\rho k u_i) = \frac{\partial}{\partial x_j}\left(\alpha_k \mu_{\text{eff}} \frac{\partial k}{\partial x_j}\right) + G_k + G_b - \rho\varepsilon - Y_M + S_k \tag{3}$$

$$\frac{\partial}{\partial t}(\rho\varepsilon) + \frac{\partial}{\partial x_i}(\rho\varepsilon u_i) = \frac{\partial}{\partial x_j}\left(\alpha_\varepsilon \mu_{\text{eff}} \frac{\partial \varepsilon}{\partial x_j}\right) + C_{1\varepsilon}\frac{\varepsilon}{k}(G_k + C_{3\varepsilon}G_b)$$
$$- C_{2\varepsilon}\rho\frac{\varepsilon^2}{k} - R_\varepsilon + S_\varepsilon \tag{4}$$

在这些方程中，G_k 表示由平均速度梯度而产生的湍流动能，G_b 是由浮力而产生的湍流动能，Y_M 表示在可压缩湍流中，波动扩张的全部耗散率，C_1，C_2，C_3，是常量，a_k 和 a_e 是 k 方程和 e 方程的湍流普朗特数的倒数，S_k 和 S_ε 分别是用户定义的源项。

在 RNG 理论中消除尺度的过程导出一个关于湍流黏度的微分方程

$$d\left(\frac{\rho^2 k}{\sqrt{\varepsilon\mu}}\right) = 1.72 \frac{\hat{v}}{\sqrt{\hat{v}^3 - 1 + C_v}} d\hat{v} \tag{5}$$

其中

$$\hat{v} = \mu_{\text{eff}}/\mu$$
$$C_v \approx 100$$

在高雷诺数限制下

$$\mu_t = \rho C_\mu \frac{k^2}{\varepsilon} \tag{6}$$

从 RNG 理论知，$C_\mu = 0.084\,5$。有趣的是这个值和标准 k-e 模型的经

验值 0.09 很接近。

在流场分析的基础上，可以应用连续气流中离散相颗粒（砂粒）运动模型对砂粒运动轨迹进行预测计算。连续介质中离散的轨迹计算基于对颗粒力平衡方程的积分求解。空气中颗粒的力平衡方程为

$$\frac{\mathrm{d}u_p}{\mathrm{d}t} = F_D(u - u_p) + g_x(\rho_p - \rho)/\rho_p + F_x \tag{7}$$

式中，F_D 为单位质量颗粒所受到的气流阻力，$F_D = \frac{18\mu}{\rho_p D_p^2} \cdot \frac{C_D Re}{24}$；$u$ 表示气流速度，u_p 表示颗粒速度，μ 为气体动力黏度，ρ 为气体密度，ρ_p 为颗粒密度，D_p 表示颗粒直径。雷诺数 Re 的定义如下

$$Re = \frac{\rho D_p |u_p - u|}{\mu} \tag{8}$$

对于光滑的圆形颗粒，阻力系数 C_D 按下式计算

$$C_D = a_1 + \frac{a_2}{Re} + \frac{a_3}{Re^2} \tag{9}$$

式中，常数 a 由 Morsi 或 Alexander 的文献确定。公式右端第二项表示重力的影响。右端第三项为附加力，诸如颗粒加速的虚拟质量力和压力梯度引起的力、剪切升力等，在此不再赘述。为了考虑湍流气流脉动对颗粒散射的影响，采用随机行走模型确定气流的瞬时速度。

描述砂粒运动模型包含确定性轨道模型和随机轨道模型。确定性轨道模型中假设颗粒数总通量沿轨道保持不变，没有考虑颗粒湍流扩散，但实验表明在许多情况下颗粒湍流扩散是不可忽略的，直接用确定性轨道模型将会导致误差比较大。因此发展出了随机轨道模型，本模型中的砂粒计算将采用随机轨道模型。随机轨道模型是在瞬态颗粒动量方程的基础上，引入了浓度梯度与颗粒扩散系数的概念。

随机轨道模型的控制方程组

$$\frac{\mathrm{d}u_k}{\mathrm{d}t} = (\bar{u} + u' - u_k)/\tau_{rk} \tag{10}$$

$$\frac{\mathrm{d}v_k}{\mathrm{d}t} = (\bar{v} + v' - v_k)/\tau_{rk} + w_k^2/r_k + g \tag{11}$$

$$\frac{\mathrm{d}w_k}{\mathrm{d}t} = (\overline{w} + w' - w_k)/\tau_{rk} - v_k w_k / r_k \qquad (12)$$

其中，u_k，v_k，w_k 分别为颗粒的瞬时轴向速度、径向速度和切向速度，$\overline{u}$，$\overline{v}$，$\overline{w}$ 及 u'，v'，w' 分别为气相在 3 个方向上的时均速度和脉动速度，假设气相湍流是各向同性及局部均匀的，且随机速度分布满足 Gaussian PDF 统计分布规律，得到气体速度的随机取样分布为

$$u' = \zeta(\overline{u'^2})^{1/2}, \quad v' = \zeta(\overline{v'^2})^{1/2}, \quad w' = \zeta(\overline{w'^2})^{1/2} \quad (\zeta = 0,1,2,3,\cdots)$$

其中，$(\overline{u'^2})^{1/2} = (\overline{v'^2})^{1/2} = (\overline{w'^2})^{1/2} = (\frac{2}{3}k)^{1/2}$，且 ζ 是随机数，将随机的 u，v 和 w 代入方程（10）、（11）、（12）来计算 u_k，v_k，w_k 和 $x_k = \int u_k \mathrm{d}t$，$r_k = \int v_k \mathrm{d}t$，$\theta_k = \int w_k \mathrm{d}t$，颗粒与随机涡的相互作用时间可取为

$$\tau_{int} = \min[\tau_{rk}, \tau_T]$$

随机轨道是用蒙特卡洛方法计算的，因为需要计算非常多的轨道，所以计算时间会比较长，但是计算精度较高。

3.2.3 优化结果

根据以上数学模型，分别模拟了不同设计方案的砂阀内部压缩空气流动以及砂粒运行轨迹。根据计算结果选取了最优化方案，为砂阀的设计提供了参考。

由图 3-1 可知，砂阀左侧连接砂箱，因为砂箱内部充满砂粒，空气流动速度非常低，空气流动对砂粒流动的影响很小。所以没有考虑砂箱内部的空气流动，而只是将砂箱作为砂粒入口边界条件在砂阀的左侧端口加入。

初始方案如图 3-2 所示，从图中可以看出，除了左右分别在上下布置有挡砂挡板外，高压空气分别通过两段紫色的管道引入砂阀内部，因为考虑砂阀内部大量砂粒的冲刷，对砂阀内部的管道壁冲刷比较厉害，容易造成砂阀喷管弯曲和磨损，因此初始方案内部没有布置管道。

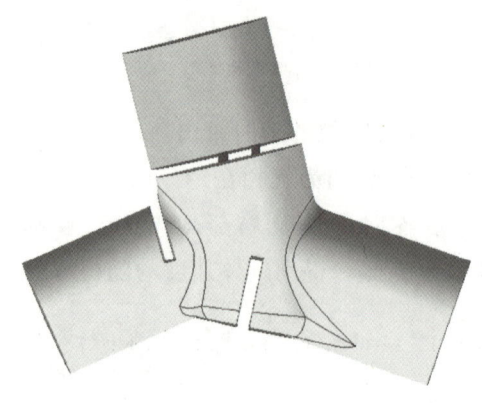

图 3-2　初始方案的砂阀内部结构图

1. 初始方案

初始方案的砂阀内部的速度场及压力场如图 3-3，图 3-4，图 3-5 所示，从图中可以看出，两个喷管喷出的高速气体均是向下喷射，而导致左侧连接砂箱的端口空气流速较低，可能无法达到扬沙的目的，有潜在砂阀堵塞无法喷出砂粒的风险。而砂阀右侧喷管空气流速同样很低，这样无法将砂粒加速喷出，可能导致砂粒在右中间部分挡板处堆积无法喷出的风险。

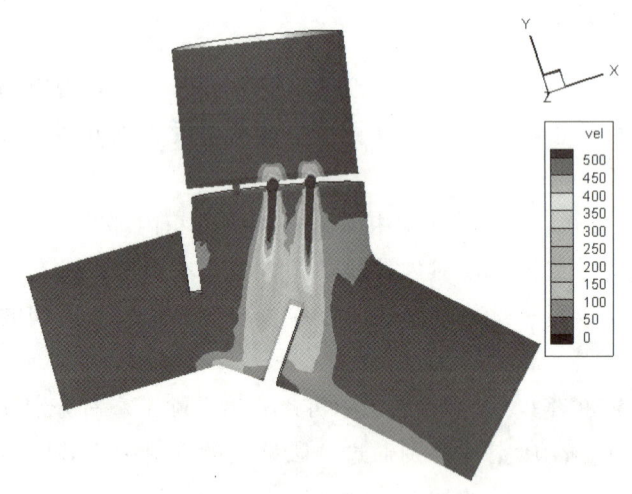

图 3-3　初始方案砂阀内部速度云图

（注：图中最左端管道没有空气流过，下同）

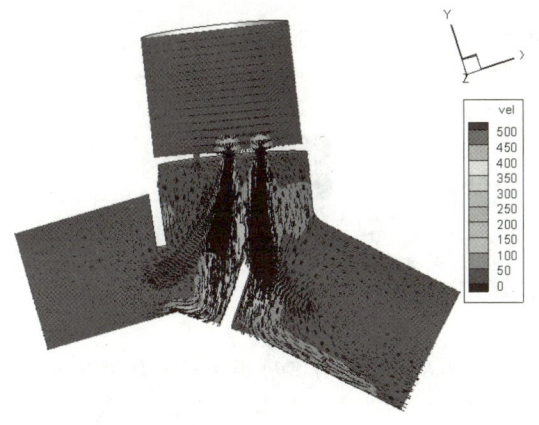

图 3-4 初始方案砂阀内部速度云图矢量图

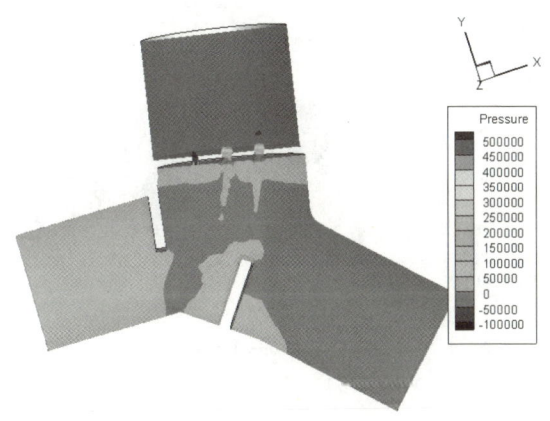

图 3-5 初始方案砂阀内部压力云图

初始方案的砂阀内部的砂粒轨迹如图 3-6，图 3-7 所示，从图中可以看出，由于左端扬砂区域无喷管而没有高速空气喷入，左端喷管扬砂性能非常不理想，砂粒速度非常低，并且大量在喷管内堆积。而砂阀中部、右部两个区域流速较快，且具有沿喷管圆周方向的旋转速度，砂粒具有沿圆周方向的运动趋势，这样会导致砂粒对喷管壁的磨损非常剧烈。

初始方案的砂阀出口的速度云图以及砂粒分布云图如图 3-8，图 3-9 所示，从图中可以看出，由于右端喷管出口空气流速非常低，存在无法将砂粒加速喷出的效果。而且喷出的砂粒集中于喷管的下部区域，这样将会影响喷砂效果。

图 3-6　初始方案砂阀内部砂粒轨迹图

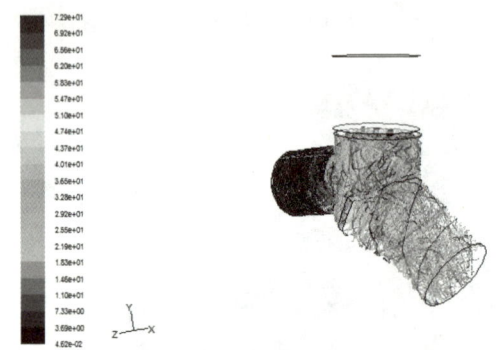

图 3-7　初始方案砂阀内部砂粒轨迹

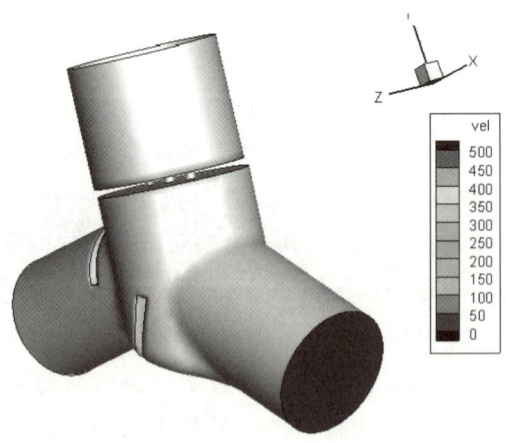

图 3-8　初始方案砂阀出口速度分布

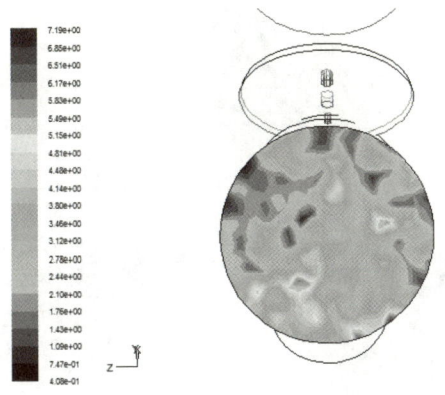

图 3-9　初始方案砂阀出口砂粒分布

根据以上分析可知，初始方案无法满足设计要求，需要对初始方案进行优化改造。

2. 优化方案

经过对初始方案进行详细的研究讨论，认为初始方案不足之处在于：① 无法将砂粒高速均匀喷出；② 无法扬砂。以上两个方面的不足导致了砂阀无法正常工作，为弥补以上不足，确定采用如下途径对初始方案进行优化。为了弥补砂粒无法高速均匀喷出的不足，采用在砂阀两出风口添加喷管的方式，将高压空气直接喷向砂箱和出口，以提高扬砂性能并提高出口砂粒速度以及均匀性，如图 3-10 中优化方案 1；为避免砂粒对喷管的冲刷作用而引起的强度风险，采用与优化方案 1 类似的方式，并在最左侧增加一段喷管，如优化方案 2 所示。

通过对优化后的砂阀内部气粒两相流进行模拟，模拟结果与初始方案对比如下：

各方案的砂阀内部的速度场及压力场如图 3-11，图 3-12，图 3-13 所示，从图中可以看出，优化后的流场表现达到预期目标。如图 3-11（b），图 3-12（b）所示，通过喷管引出高压空气后，砂阀入口、出口的空气流速明显增加；如图 3-11（c），图 3-12（c）所示，通过增加喷口至砂阀左端连接砂箱区域的喷管，使该区域的空气流速明显增加，能够很好地达到扬砂并提高砂粒运行速度的目的。且由于添加最左端一段喷口，有效避免了砂粒对喷管的冲刷。

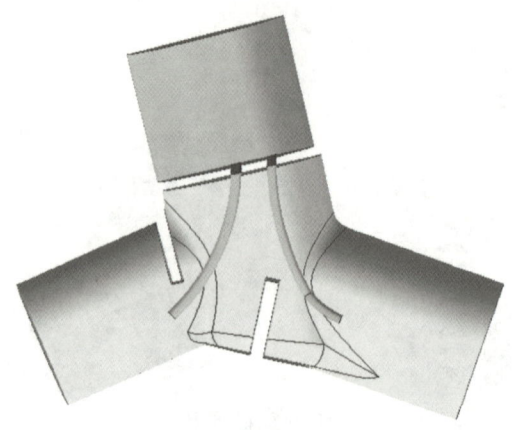

（a）优化方案1

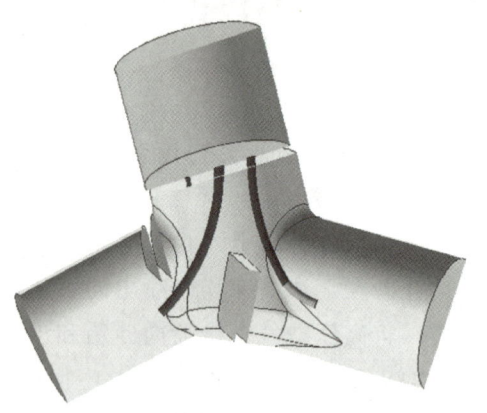

（b）优化方案2

图3-10 优化方案1,2砂阀内部结构图

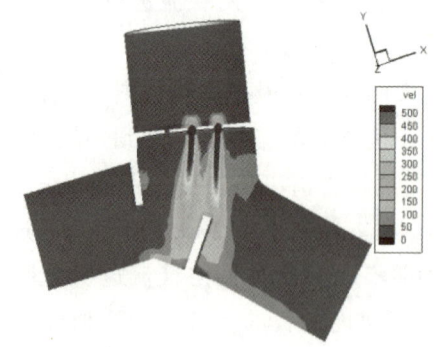

（a）初始方案

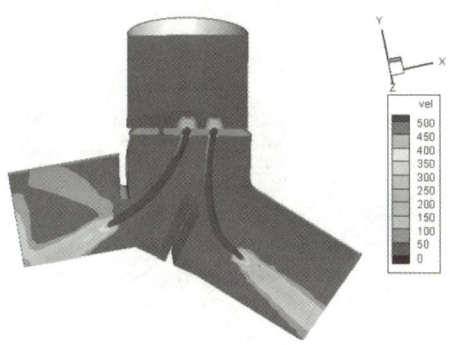

(b)优化方案1

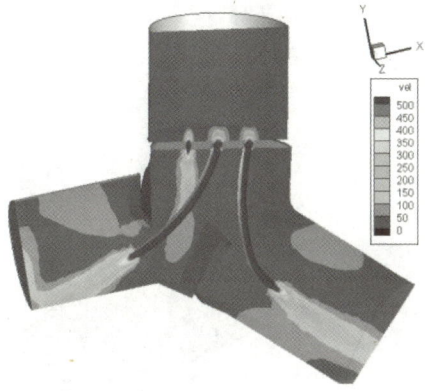

(c)优化方案2

图 3-11 砂阀内部速度云图

(注：初始方案与优化方案1最左端管道没有空气流过，下同)

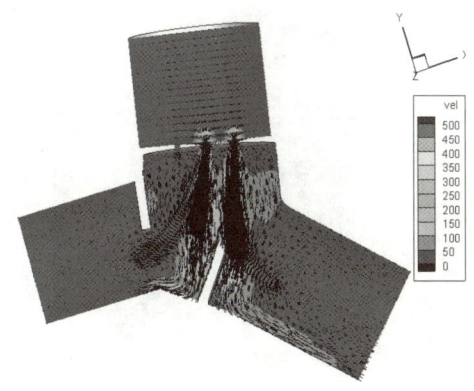

(a)初始方案

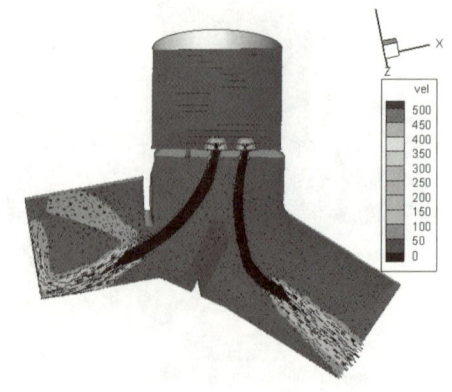

(b)优化方案 1

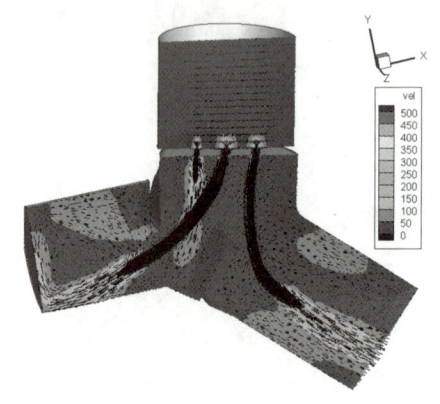

(c)优化方案 2

图 3-12 砂阀内部速度云图

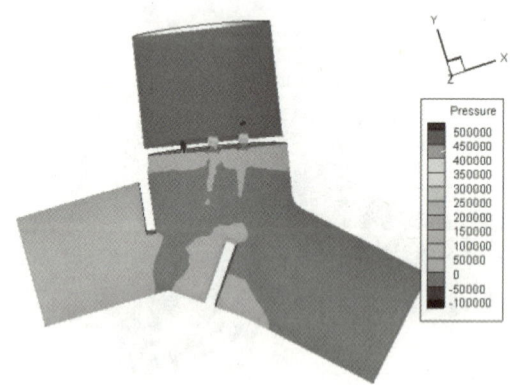

(a)初始方案

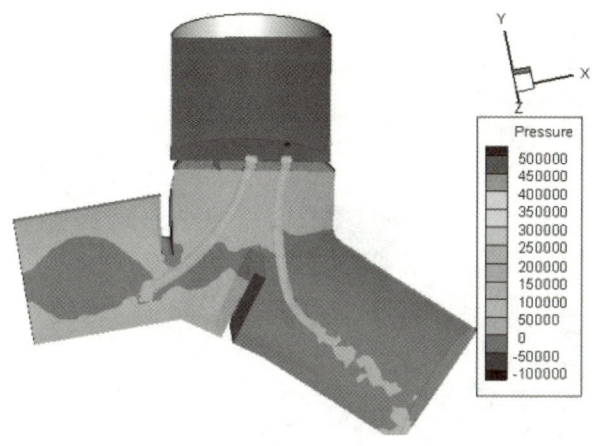

(b）优化方案 1

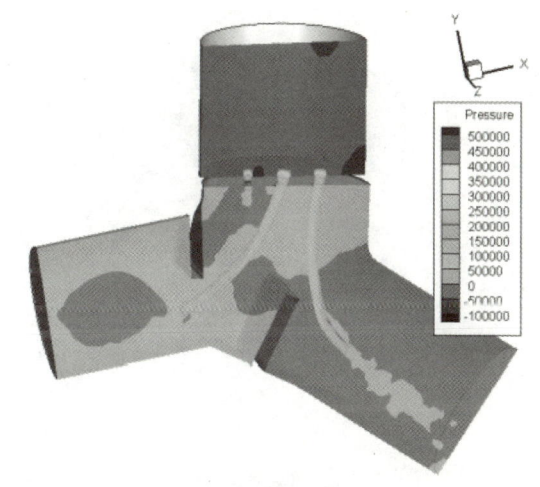

(c）优化方案 2

图 3-13　砂阀内部压力云图

砂阀内部的砂粒轨迹对比如图 3-14，图 3-15 所示，从图 3-14（b），图 3-15（b），图 3-14（c），图 3-15（c）可以看出，由于左右端喷管高速空气喷入，左右端喷管区域砂粒速度明显提高，而且沿喷口圆周方向运动的砂粒数量明显减少。

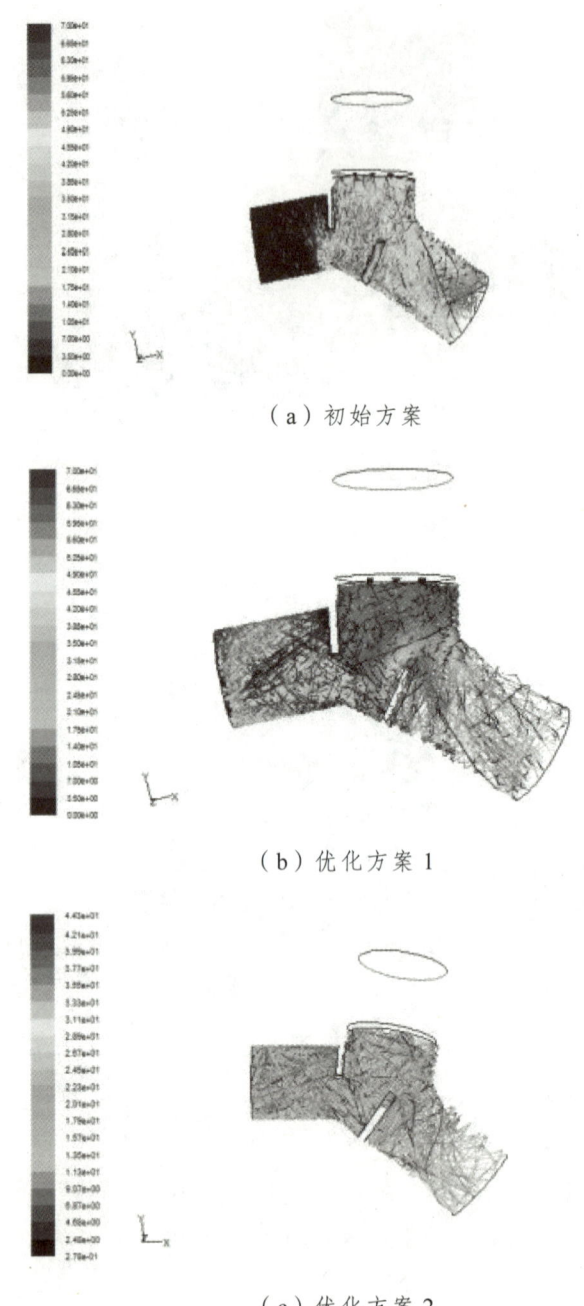

(a)初始方案

(b)优化方案1

(c)优化方案2

图 3-14 初始方案砂阀内部砂粒轨迹图

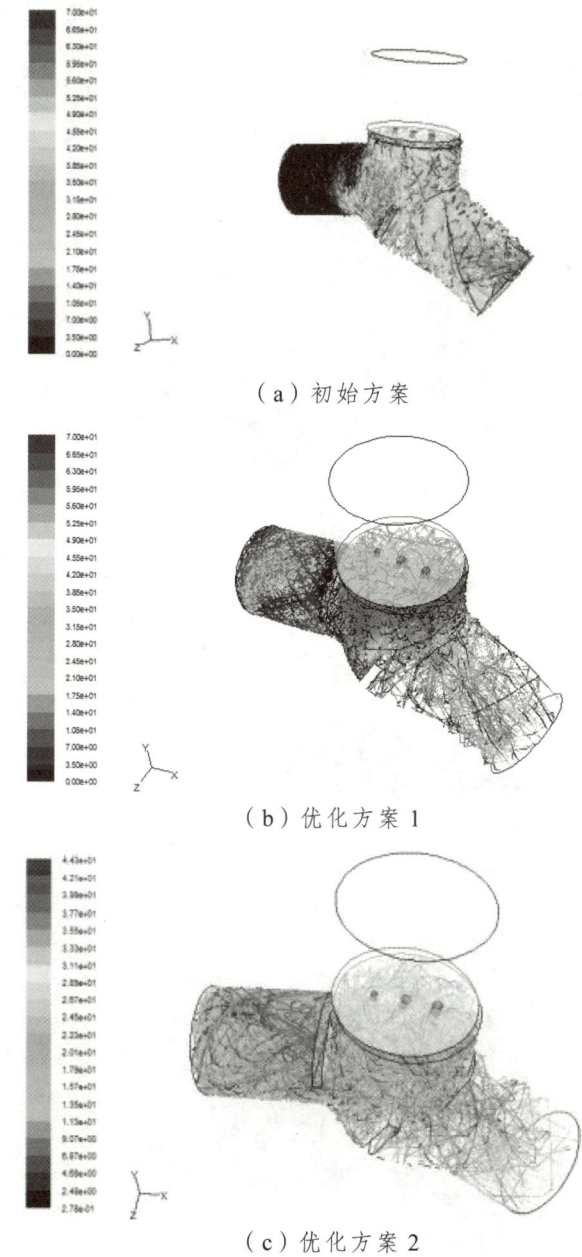

（a）初始方案

（b）优化方案1

（c）优化方案2

图 3-15 初始方案砂阀内部砂粒轨迹

砂阀出口的速度云图以及砂粒分布云图如图 3-16，图 3-17 所示，从

图 3-16（b），图 3-17（b）可以看出，由于右端喷管高速空气喷入，右端喷管砂粒速度明显提高，但是高速区过于集中导致砂阀出口下部砂粒含量明显高于上部。

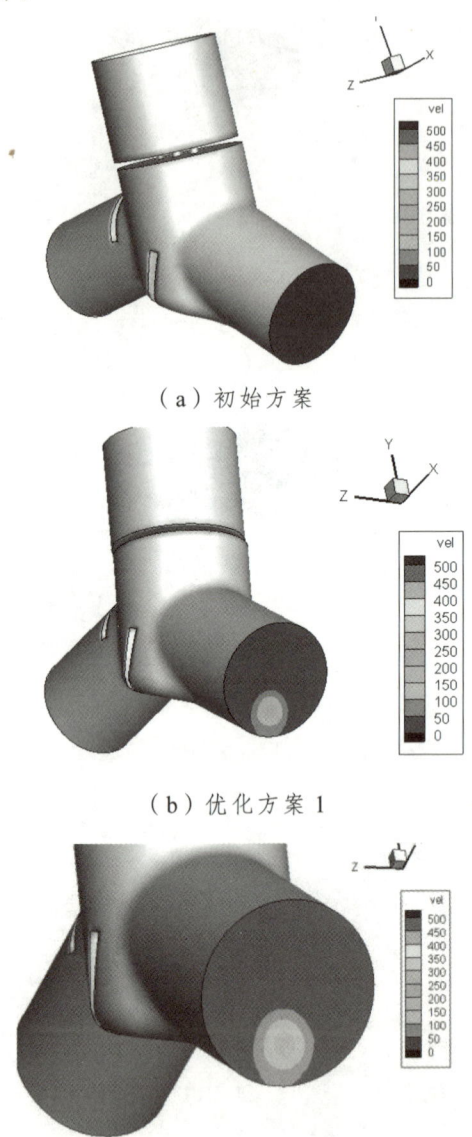

(a) 初始方案

(b) 优化方案 1

(c) 优化方案 2

图 3-16　砂阀出口速度分布

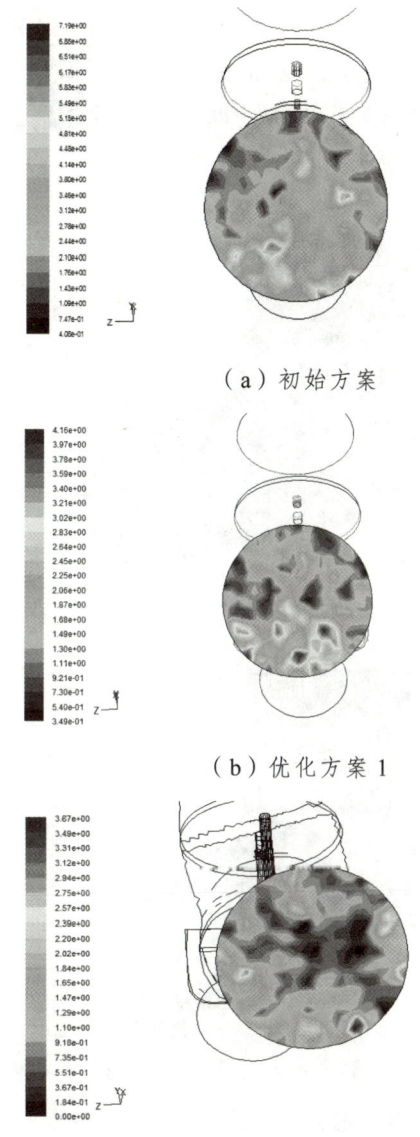

（a）初始方案

（b）优化方案1

（c）优化方案2

图 3-17　初始方案砂阀出口砂粒分布

从图 3-16（c），图 3-17（c）可以看出，左端喷管高压空气喷入使得砂阀出口空气速度更加均匀，这样使得砂阀出口砂粒浓度更加均匀。

砂阀内部的压力云图如图 3-18 所示，由于初始方案砂阀内部没有布置喷管，因此不存在喷管冲刷可能性，因此在此处没有必要对比初始方案内部压力云图。从图 3-18（b），图 3-18（c）可以看出，优化方案 2 由于增加了放冲刷喷管，使得如下图中的两个喷管的连接部位的压力明显低于优化方案 1。

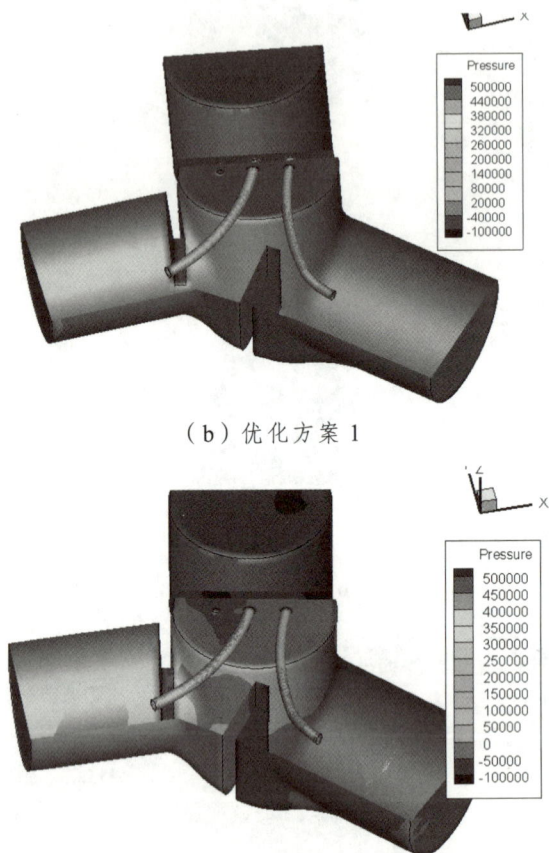

（b）优化方案 1

（c）优化方案 2

图 3-18　砂阀内部压力云图

根据以上优化方案 1 以及优化方案 2 对砂阀流场的改善明显提高了喷砂效果。

3. 方案确定

通过 CFD 分析可知砂阀设计 3 个要求缺一不可。结合砂阀设计合理判断 3 个标准，将计算结果总结如表 3-2 所示。

表 3-2　计算结果分析

项目	初始方案	优化方案 1	优化方案 2
左侧吹砂压砂是否合理	不好	好	好
喷管防冲刷是否合理	好	较好	好
右侧喷管加速是否合理	不好	好	好

综上所述，通过对初始方案以及优化方案砂阀内部的气粒两相流动进行数值模拟，对比了各种方案的计算结果，根据计算结果选取了最优设计方案为优化方案 2，并按照优化方案 2 进行砂阀设计。

3.3　撒砂阀设计

免调试精密撒砂阀装置由机壳部分、通气部分和自控部分构成。详细设计见图 3-19 ~ 图 3-26。

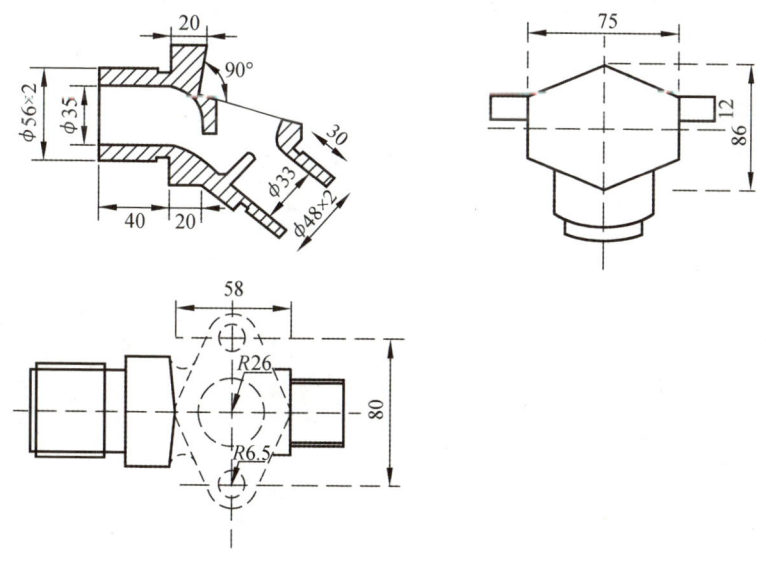

图 3-19　阀体

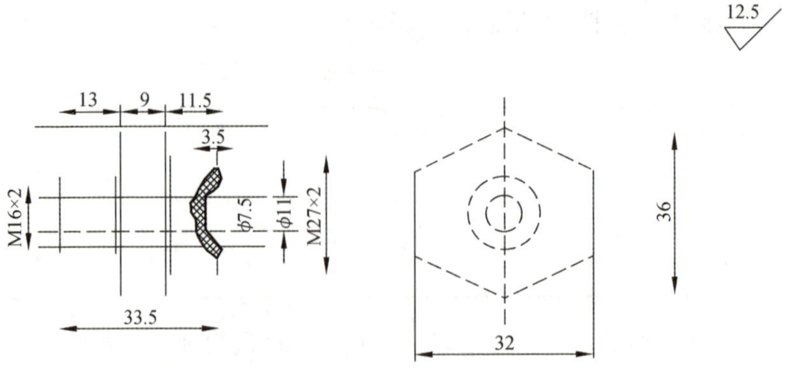

图 3-20 气嘴

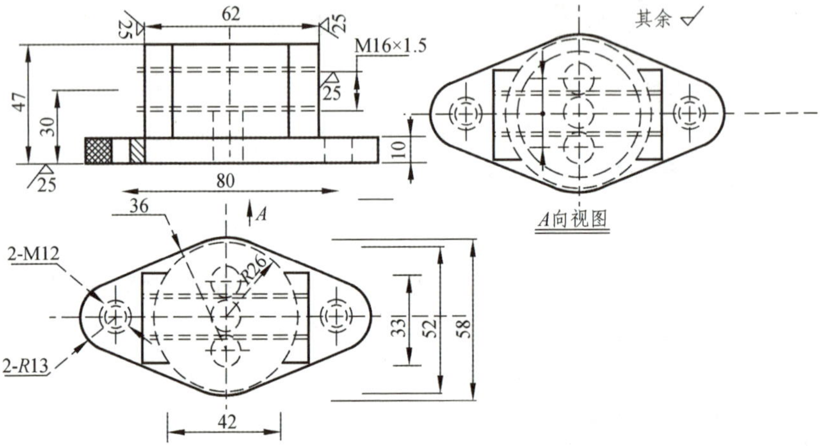

图 3-21 充气室

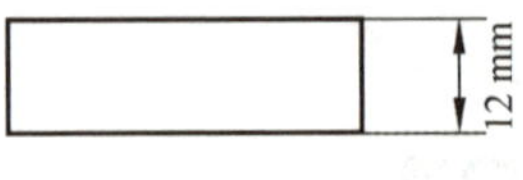

(左)前视图

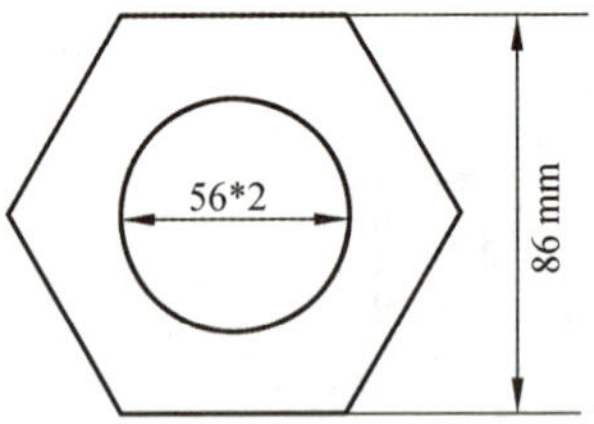

俯视图

图 3-22 锁母

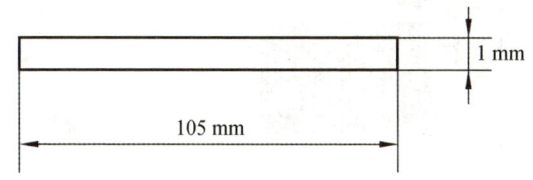

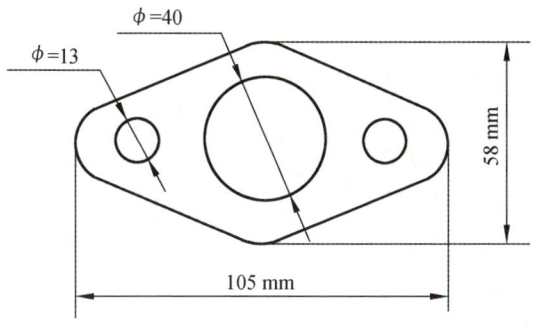

图 3-23 锁母

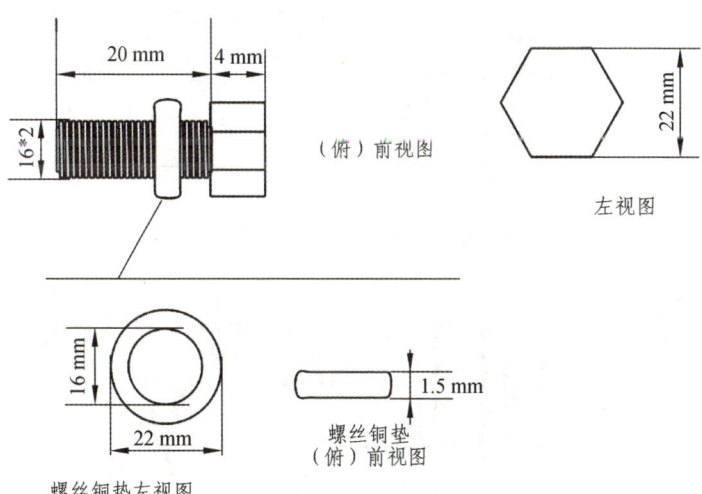

图 3-24 石棉垫

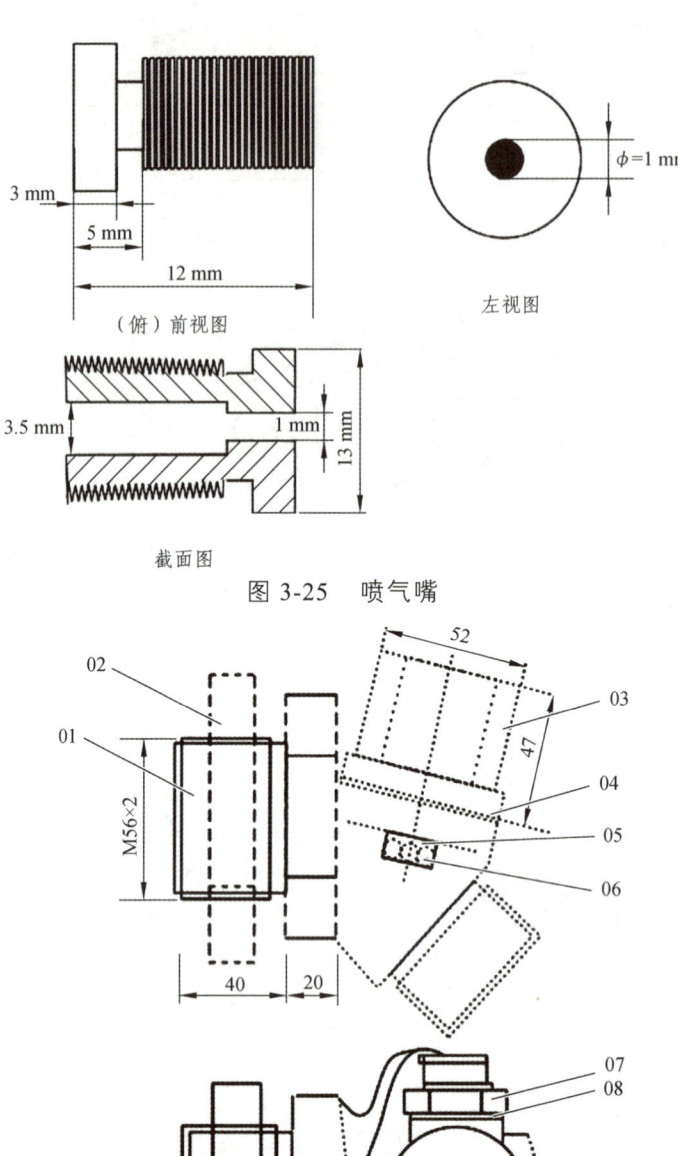

图 3-25 喷气嘴

图 3-26 装配图

3.4 撒砂阀的加工工艺

免调试精密撒砂阀装置加工工艺流程如图 3-27 所示。

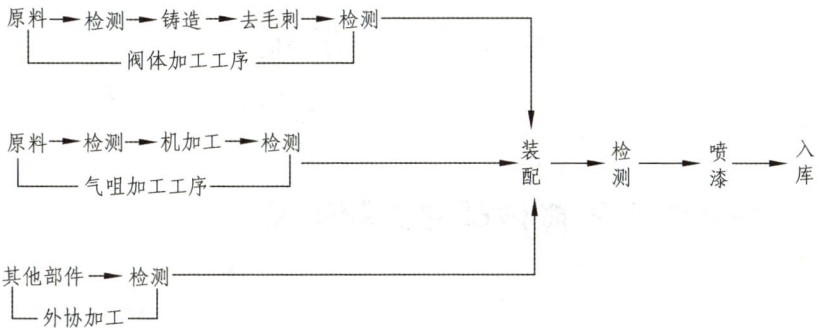

图 3-27　免调试精密撒砂阀装置加工工艺流程

第 4 章　免调试精密撒砂阀的实验研究与验证

4.1　免调试精密撒砂阀的实验研究

项目合同签订以来，朔黄铁路发展有限责任公司负责项目的大纲制订、进度控制、研究资料的提供、现场测试和试验工作的协调。朔黄铁路肃宁北货车车辆检修中心进行了车辆车轮型面测量的协调、组织和配合，使项目组能顺利测量各种朔黄铁路撒砂阀的相关数据。

2014 年 2 月 17 日，更换安装 $SS_{4B}0059$ 机车 B 节向后方向，由检修中心配合完成更换 2 个。

机车在检修库外静态实验时，所安装撒砂阀出砂量仅为 100，且出砂不均匀。公司人员对此总结，讨论可能是模拟火车喷砂不完整，应改变储气装置，也可能是撒砂阀自身气流不通畅，没有达到很好的循环。针对此次实验结果，做了以下改动：

（1）将原有储气装置改造为接近火车自身所用的储气罐。

（2）将原有喷管加长 40 mm，且喷管出气口贴近于撒砂阀接砂箱部分的上部。

（3）将原靠近出砂口的气嘴更换为长度为 30 mm 的喷管。

2014 年 2 月 25 日，安装了 $SS_{4B}0095$ 机车 B 节向后方向撒砂阀 4 个。机车在检修库外静态试验时，对 95 机车 B 节安装的 4 个撒砂阀，实验结果如表 4-1 所示。

表 4-1　实验结果

实验次数 \ 位置	左 2	右 2	左 4	右 4
第一次（750 kPa）	1 200	1 400	2 000	1 000
第二次（750 kPa）	200	300	200	1 300
第三次（800 kPa）	1 200	800	400	1 700

此次试验，第一次和第三次有效，第二次因为没有扎好塑料袋，导致一些砂子流失，或者，有的塑料袋堵住砂管口。这次出砂量偏高，且依然出砂不稳定。根据第一次和第三次试验作比对，深入思考，结合撒砂阀实际使用状况，分析如下：

（1）接砂箱喷管直径稍大约为 3 mm，不好控制气流，且使用寿命较短。

（2）出砂口喷管所吹位置不均，面对不同大小颗粒状的石英砂，输送力不均。

（3）砂箱结构也有可能影响出砂。

用 2 mm 接砂箱喷管，用 1.3 mm 气嘴给砂子输送压力，将原有砂箱改造成与火车用结构相同的砂箱。

2014 年 3 月，更换 $SS_{4B}133$ 机车 B 节车上向后方向 4 个撒砂阀，实验结果如表 4-2 所示。

表 4-2　实验结果

实验次数 \ 位置	左 2	右 2	左 4	右 4
第一次（800 kPa）	1 000	300	200	200
第二次（800 kPa）	1 000	500	200	200
第三次（800 kPa）	1 000	500	200	200

此次试验，对于同一个撒砂阀来说出砂量稳定，但彼此存在偏差。我们将实验的撒砂阀又进行多次试验，做了以下修改：

（1）改变原有输气管道尺寸。

（2）将 2 mm 孔变为 1 mm，且吹砂孔位于接砂箱口 1.2 mm 处。

（3）气嘴采用 0.8 mm。

2014 年 4 月 1 日，更换了 SS$_{4B}$133 车上 B 节向后方向 4 个撒砂阀。实验结果如表 4-3 所示。

表 4-3 实验结果

位置 实验次数	左 2	右 2	左 4	右 4
第一次（820 kPa）	900	700	780	650
第二次（820 kPa）	800	700	700	650

撒砂均匀稳定，在误差范围内，达到要求。

新研制的撒砂设备免调试精密撒砂阀，沿用重力撒砂设备的特点，在结构及设备参数上进行精密调整，使得撒砂间隙与撒砂量达到动态平衡，满足了朔黄机车在其运行环境的安全要求。对此，我们进一步进行了跟踪试验。

2014 年 5 月 27 日，在神池南折返段，跟踪机车 133B 测得撒砂情况如图 4-1 ~ 图 4-5，表 4-4 所示。

图 4-1 砂箱装满砂子

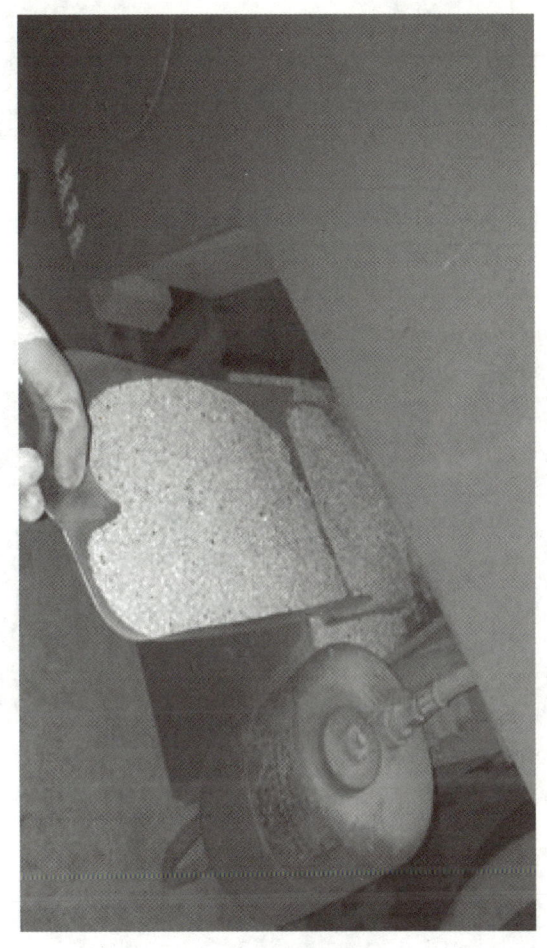

图 4-2 装砂方式

表 4-4 装砂情况

位置	装砂情况	对比	装砂情况	备注
左 2	3 000	左 1	9 000	实际采用铁钳装砂，为 1 铁钳，约为 3 000 mL
右 2	2 800	右 1	11 000	
左 4	2 800	左 3	6 000	
右 4	2 600	右 3	9 000	

撒砂情况 1 min 内测试，实验结果如表 4-5 所示。

表 4-5 实验结果

实验次数 位置	左 2	右 2	左 4	右 4
第一次（800 kPa）	860	700	750	640
第二次（800 kPa）	800	740	750	650

机车正常行驶，总行驶距离为 1 200 km，约为 30 h。

图 4-3 撒砂阀撒砂前

图 4-4 撒砂阀撒砂后

(a)

(b)

图 4-5　出砂实际情况

2014年5月29日，在神池南折返段，跟踪机车133B测得撒砂情况如图4-6～图4-9，表4-6所示。

图4-6　砂箱内部情况

(a)

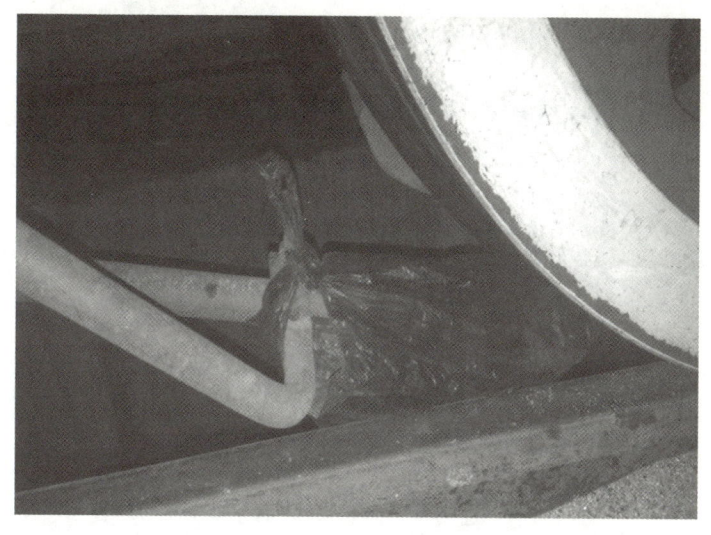

(b)

图 4-7 撒砂测试方法采用袋装

表 4-6 装砂情况

位置	装砂情况	A 节同方位对比	装砂情况	备注
左 2	2 200	左 2	4 000	实际采用铁钳装砂,为 1 铁钳,约为 3 000 mL
右 2	1 800	右 2	6 000	
左 4	2 300	左 4	4 000	
右 4	2 000	右 4	5 000	

撒砂情况 1 min 内测试,实验结果如表 4-7 所示。

表 4-7 实验结果

位置 实验次数	左 2	右 2	左 4	右 4
第一次(800 kPa)	800	740	860	740
第二次(780 kPa)	650	540	680	580

机车正常行驶，总行驶距离为 1 200 km，约为 30 h。

图 4-8　撒砂阀撒砂前

图 4-9　撒砂阀撒砂后

4.2　免调试精密撒砂阀验证

2014 年 2 月至 2014 年 6 月，朔黄铁路发展有限责任公司机辆分公司在朔黄到神池南折返段进行了装机运行试验。

实验证明：免调试精密撒砂阀能够实现撒砂量在技术要求的范围内

（0.7~1 L/min）准确控制，不需要调试，对撒砂流量均匀控制，撒砂集中不分散。经过大量的数据积累及分析，免调试精密撒砂阀装置能实现多个撒砂量等级标准控制，满足了朔黄机车安全运行的需求。

本装置具有自动调控撒砂量的功能，安装简单，使用便利，大大降低了石英砂的用量。

该装置运行稳定，安全可靠，性价比高，为铁路车辆安全运行提供了有力的保障。

第 5 章　免调试精密撒砂阀的使用与维护

5.1　使用条件与功能

5.1.1　概　述

机车行进过程，轮对产生的轮周牵引力或制动力大于轮轨间的黏着力时车轮就会发生空转或打滑，轮轨间的黏着力受轮轨表面状况（轨面有凹坑、水、雪、霜、油）、线路状况（坡道、路基、曲线、道岔）、机车轴重分配等因素的影响。空转或打滑会使轮轨发热、轮轨擦伤，严重时还会影响机车的安全运行，危害极大。

撒砂阀是机车刹车时，通过压缩空气吹砂箱里的砂子，让砂子经导管流下，落在轮子下的钢轨上，起到增加摩擦力，防止轮子（轮对）空转或打滑的一种装置。撒砂阀的可靠性直接关系到万吨组合列车的安全开行和平稳操作。

免调试精密撒砂阀装置与 SS_{4B} 机车原有撒砂阀的接口一致，具有互换性，能实现撒砂量在技术要求的范围内（0.7~1 L/min）准确控制，且不需要调试，在大量节约用砂的情况下，确保机车安全经济运行。

免调试精密撒砂阀装置由机壳部分、通气部分和自控部分构成。

整体如图 5-1 所示、阀体如图 5-2 所示、负责控制气流大小的充气室如图 5-3 所示。

图 5-1　整体

图 5-2　阀体

图 5-3　充气室

5.1.2 使用条件要求

根据《TB/T 3254—2011 机车、动车用撒砂装置》要求：

1. 环境条件

在下列环境条件下，装置应能正常工作：

（1）海拔高度不超过 2 500 m。

（2）周围空气温度为 -40~50 ℃，最湿月月平均最大相对湿度不大于 95%（该月月平均温度最低为 25 ℃）。

（3）存在弱酸、弱碱及汽油、矿物油等其他油类。

（4）存在风、砂、雨、雪等侵袭。

2. 风源条件

进风风源压力应大于 500 kPa；其质量应符合 GB/T 13277.1—2008 中固体颗粒 3 级、湿度等级 3 级、含油量 3 级的规定。

5.1.3 主要功能及特点

（1）免调试精密撒砂阀具有不需要调试，在（0.7~1 L/min）范围内实现撒砂流量的均匀控制的功能。

（2）免调试精密撒砂阀的充气室对气流流速大小具有有效控制功能。

（3）免调试精密撒砂阀出砂口具有强耐磨功能。

（4）新产品与 SS_{4B} 机车原有撒砂阀的接口一致，具有互换性。

（5）能实现多个撒砂量等级标准控制。具体撒砂量标准如表 5-1 所示。

表 5-1 免调式精密撒砂阀撒砂量一览表

序号	扬砂孔型号/mm	计时时间/min	撒砂量/mL
1	0.6	1	500~600
2	0.8	1	600~700
3	0.9	1	700~800
4	1	1	800~1000

5.1.4　技术要求与性能指标

（1）该产品属于免调试，外观是弯头，弯头中间是直筒，在弯头中间部位增加一个出气阀门，在出气阀门增加两个气孔，一是扰砂孔，由于扰砂孔进来的气压大，使石英砂在撒砂阀中飞起，二是排气孔，排气孔将飞起的石英砂排出。

（2）在弯头内，增加两个阻砂板，防止万吨组合列车在运动中由于振动而引起漏砂。

（3）改变进气装置。将原来空心螺丝和标准螺丝组成的进气系统，改变为成套进气分砂装置，节砂量达40%以上。

（4）运行环境温度：-40～+45 ℃。

（5）与国产电力机车用撒砂阀具有良好的互换性，且安装方式相同。

（6）撒砂量在 0.7～1.5 L/min 范围内可调，标定撒砂量为（1±0.2）L/min。

（7）撒砂阀紧固装置牢固可靠，不因机车的振动而发生松动。

（8）砂箱底层砂石发生板结时，通砂方式简单方便。

（9）日常免维护。

（10）撒砂阀阀体具有一定强度，在中等强度的外力冲击下不发生破损。

（11）撒砂阀内部部件的使用寿命不低于100万千米。

（12）撒砂阀阀体内、外部防腐处理。

（13）适用风源压力：500～900 kPa；标定压力：500 kPa。

5.2　设备组成与工作原理

5.2.1　设备构成

免调试精密撒砂阀装置结构图如图5-4所示。

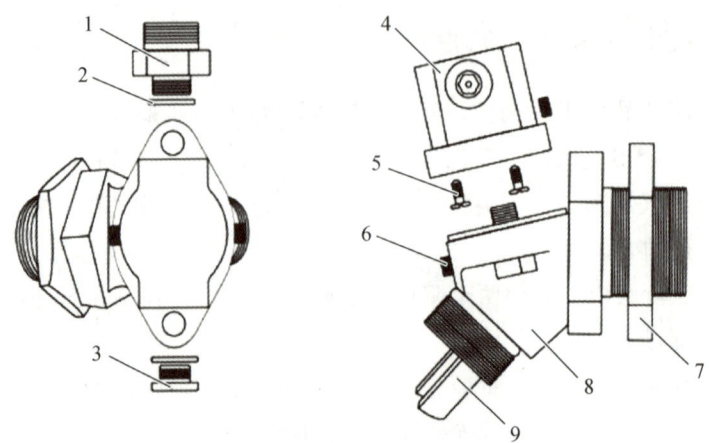

图 5-4 免调试精密撒砂阀装置结构图
1—变径对丝；2—密封橡胶垫；3—平头堵丝；4—充气室；5—气嘴；
6—捅砂孔；7—锁母；8—阀体；9—耐磨套

5.2.2 工作原理

装置包括机壳部分、通气部分和自控部分。机壳部分本身主要由接砂箱、出砂口和充气室接口 3 部分构成。通气部分由充气室、喷气管和两个气咀组成。充气室通过 35#钢螺栓紧紧稳固在张角为 100°撒砂阀体斜面上，而喷气管经过阀体从侧面伸进接砂箱。自控部分主要是指一键式传感控制，通过车速的快与慢，反馈作用控制电流，从而控制排砂量。整套装置利用自配充气室将气体压入砂箱，使砂粒压出并进入撒砂阀体，再利用充气室的两个气嘴排出的气流给砂粒二次加压，使砂粒准确快速地进入轨面，调节充气室压强大小改变进入砂箱中的气流流速，从而达到控制流出砂粒数量多少的目的。

5.3 安装及使用说明

5.3.1 安装说明

免调试精密撒砂阀 SS_{4B} 机车原有撒砂阀的接口一致，具有互换性，所以安装方法和以前一样，没有改变其接口样式。

如图 5-5 所示，接砂口接入机车砂箱，用紧固环固定牢靠，出砂口接入砂管，风管接口与总风缸管分支下来的风管对接。

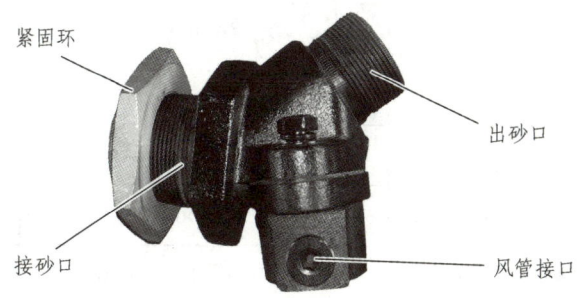

图 5-5　安装示意图

5.3.2　使用说明

使用前必须先检查产品各零部件是否损坏，有没有少零件，扣距是否完整。免调试精密撒砂阀的使用说明如下：

（1）撒砂阀安装好后，进行密封检查，保证撒砂阀与机车连接不存在漏风现象。

（2）出砂口内部存在高耐摩擦材料，当出砂口与砂管对接安装时，不要用重物敲打，以防止耐磨材料损坏，使撒砂阀寿命减少。

5.4　日常维护

5.4.1　维修等级

电力机车的维修等级见表 5-2。在表 5-2 规定的日期内，应实施相应的维修工作。

表 5-2　维修等级

维修等级	说明	运行里程数/km	间隔期
	日常检查	每次机车出入库	
VI	目视检查	10 000	2 周
I1	检查 1 级	100 000	6 个月
I2	检查 2 级	200 000	1 年
I3	检查 3 级	400 000	2 年
R1	修正 1 级	800 000～1 200 000	4～6 年
R2	修正 2 级	1 600 000～2 400 000	8～12 年
R3	修正 3 级	3 200 000～3 600 000	16～18 年
UM		计划外故障维修	

5.4.2　日常维护保养

 危险

在进行撒砂器检修作业前，机车必须和接触网隔离，切断机车电源。
免调精密撒砂器日常维护保养主要包括以下工作：
（1）定期检查和维护所有接口是否有松动现象。
（2）定期检查阀体各零部件是否有松动现象。
（3）定期检查喷嘴是否有堵塞的可能。
（4）定期检查喷砂口是否正常下砂，下砂量是否满足机车的安全运行。

5.4.3　维修计划

维修计划见表 5-3。

表 5-3 维修计划

序号	工作区域/维护工作	日常检查	目视检查	检查1级	检查2级	检查3级	维修1级	维修2级	维修3级	计划外维修	整车所需的工时(人数×小时)	备注
1	撒砂器											
2	检查外观	√	√	√							1×0.1	
3	检查撒砂阀的动作性能	√	√	√							1×0.2	
4	换修撒砂阀				√	√	√	√	√		2×2	

5.5 故障维修

5.5.1 故障诊断与处理

故障诊断与处理见表 5-4。

表 5-4 故障诊断与处理

序号	故障现象/信息	原因	处理方法/测量/测试
1	撒砂器不撒砂	砂箱砂量低于撒砂器倒砂盖位置	及时加砂
2		机车总风压不够	升弓打压
3		砂粒是否符合撒砂标准用砂	如不符合，请更换砂粒
4		砂子板结，导致不下砂	用 10 mm 的内六角扳手卸开出砂口上端 8 mm 处的螺丝，用 6 mm 的铁棍桶砂即可（解释1）
5		气嘴堵塞，导致不下砂	将充气室从阀体上卸下，用一字改锥将气嘴拧下来，将砂粒弄出即可

解释1：（操作如下）

（1）用内六角扳手拆下堵丝，如图 5-6 所示。

图 5-6　拆下堵丝

（2）用焊条捅开板结砂粒即可，如图 5-7 所示。

图 5-7　捅开板结砂粒

5.5.2　撒砂器拆解修复或更换

（1）存放处应保持清洁。

（2）撒砂器安装时注意撒砂器与砂箱密封，及安装图中安装尺寸要求。

（3）必须使用符合要求的砂子，在装填过程中不得混入杂物。

（4）当砂量低于砂箱口位置时必须加砂，否则会无砂可出。

（5）当出现有不撒砂或者撒砂量小的情况时，请按照以下步骤检查：

① 检查机车总风压是否达到撒砂的气压。
② 检查砂粒是否符合撒砂器用砂标准，如不符合请按前面用砂标准更换。
③ 将清理口处的砂堵盖旋出，并取出其内部砂堵。
④ 将机车风管从撒砂器上拆卸下来，观察撒砂器风嘴是否被砂粒堵塞，如有请清理。在拆卸安装机车风管时候，切忌将砂粒带入风管，避免堵塞撒砂器内部风路。

第6章 免调试精密撒砂阀的技术成果

6.1 研究成果

6.1.1 研究成果概况

新产品与 SS_{4B} 机车原有撒砂阀的接口一致,具有互换性,能实现撒砂量在技术要求的范围内(0.7~1 L/min)准确控制,不需要调试。能实现对撒砂流量的均匀控制,撒砂集中不分散,能实现多个撒砂量等级有效控制。

表6-1 免调式精密撒砂阀撒砂量一览表

序号	扬砂孔型号/mm	计时时间/min	撒砂量/mL
1	0.6	1	500~600
2	0.8	1	600~700
3	0.9	1	700~800
4	1	1	800~1 000

6.1.2 研究成果的主要技术指标

(1)运行环境温度:-40~+45 ℃。

(2)与国产电力机车用撒砂阀具有良好的互换性,且安装方式相同。

(3)撒砂量在 0.7~1.5 L/min 范围内可调,标定撒砂量为(1±0.2)L/min。

(4)撒砂阀紧固装置牢固可靠,不因机车的振动而发生松动。

(5)砂箱底层砂石发生板结时,通砂方式简单方便。

（6）日常免维护。

（7）撒砂阀阀体具有一定强度，在中等强度的外力冲击下不发生破损。

（8）撒砂阀内部部件的使用寿命不低于 100 万千米。

（9）撒砂阀阀体内、外部防腐处理。

（10）适用风源压力：500～900 kPa；标定压力：500 kPa。

6.1.3 研究成果的测试及试验情况

项目合同签订以来，朔黄铁路发展有限责任公司负责项目的大纲制订、进度控制、研究资料的提供、现场测试和试验工作的协调。朔黄铁路肃宁北货车车辆检修中心进行了车辆车轮型面测量的协调、组织和配合，使项目组能顺利测量各种朔黄铁路撒砂阀的相关数据。

2014 年 2 月 17 日，更换安装 $SS_{4B}0059$ 机车 B 节向后方向，由检修中心配合完成更换 2 个。

机车在检修库外静态实验时，所安装撒砂阀出砂量仅为 100，且出砂不均匀。公司人员对此总结，讨论可能是模拟火车喷砂不完整，应改变储气装置，也可能是撒砂阀自身气流不通畅，没有达到很好的循环。我们将实验的撒砂阀回来多次试验，进行以下修改：

（1）改变原有输气管道尺寸。

（2）将 2 mm 孔变为 1 mm，且吹砂孔位于接砂箱口 1.2 mm 处。

（3）气嘴采用 0.8 mm。

2014 年 4 月 1 日，更换了 $SS_{4B}133$ 车上 B 节向后方向 4 个撒砂阀。实验结果如表 6-2 所示。

表 6-2 实验结果

实验次数	位置	左 2	右 2	左 4	右 4
第一次（820 kPa）		900	700	780	650
第二次（820 kPa）		800	700	700	650

撒砂均匀稳定，在误差范围内，以达要求。

6.2 研究成果的社会经济效益分析

6.2.1 经济效益

本项目免调试精密撒砂阀完成运行试验全面使用后，将可节约石英砂百分之四十以上，不仅可节省机车用砂的购置费用，而且还可节省烤砂、上砂、清扫及管道清淤的费用，按 1.7 亿吨年运量计算，每年可节约成本 100 万元以上，可大大提高石英砂的利用率，降低运营成本。

6.2.2 社会效益

本项目免调试精密撒砂阀完成运行试验全面使用后，增加的接车运行的安全性。机车牵引列车，采用撒砂增加轮周牵引力，轮轨间再有雪、霜、冰、水、油等物质涂在上面，黏着系数会降得更低，甚至为 0。机车运行中遇到雨、雪、霜天气，动轮发生空转不撒砂将可能造成牵引电机的损毁，因此为增大摩擦力，使牵引力与黏着力找到一个适合的平衡点，免调试精密撒砂阀装置的生产可有效控制撒砂量，有利于确保机车安全经济运行。

目前，国内自主生产的机车都采用的是重力撒砂设备，虽然不同型号机车的撒砂设备的结构有所不同，但工作原理相同。该撒砂的作用原理是：总风压力进入撒砂阀后分成两路，一路沿小孔进入砂箱底部，以便吹撒砂粒沿撒砂通道流出，另一路沿小孔向通道吹出，利用气流将砂子吹向轨面。这就不可避免地存在易发生堵塞、撒砂量调整困难、撒砂不均匀的问题，如果撒砂量调整的过小，影响列车安全运行，如果撒砂量过大，又会造成石英砂的大量流失和浪费，而且国内标准石英砂的价格与普通砂子的价格相差很大，运营成本偏高。本项目免调试精密撒砂阀完成运行试验全面使用后，会带动国内机车的撒砂阀改革。

第7章 DK-2制动机技术方案

7.1 概 述

目前，铁路运输的发展方向是重载和高速，即货运发展重载运输，客运发展高速铁路。重载运输是指在先进的铁路技术装备条件下，采用单机、双机或多机牵引的大功率内燃或电力机车，增加货物列车编组辆数，大幅度提高列车牵引重量的运输方式。开行长大重载货物列车是提高铁路货物运输能力的最为有效的方式，为实现长大重载列车各机车间的制动同步作用，要求与之配套的机车制动机应具备计算机模拟控制和网络通信功能。美国、澳大利亚、南非、巴西等国为满足长大重载货物列车运用的需要，普遍采用机车分布式组合列车方式，并在机车 LOCOTROL+EAB 上安装了电子制动机，其中具有代表性的制动机是美国纽约制动机公司与西屋公司的 EPICⅡ，通过无线同步控制系统实现各远程重联机车牵引与制动的同步操纵。

同时，国外的客运机车以及普通货运机车也普遍采用具备计算机模拟控制、网络通信、故障智能诊断等信息化功能的机车制动机，此类客运机车制动机以及货运机车制动机均被德国克诺尔公司(含美国纽约制动机公司)、法国法维莱公司及美国西屋公司所垄断。

国内直流传动电力机车普遍采用国产型机车电空制动机，由于不具备计算机模拟控制和网络通信功能，不能适应现代制动控制要求。同时，为降低机车制造与运用成本、掌握机车核心技术、满足自主创新的要求，应研制具备完善的计算机模拟控制、网络通信、故障智能诊断等信息化功能的机车电空制动机。因此，在现有机车电空制动机技术的基础上，研制新一代具有计算机模拟控制和网络通信功能的制动机，满足客运列车以及重载货物列车运用条件是非常有意义的。为此，铁道部与南车株洲电力机车有限公司（以下简称株机公司）签订了《大秦线重载组合列车机车制动系统与同步控制系统适应研究》科研项目合同（编号：2005J03），要求在原 DK-1 型机车电空制动机的基础上，研制出具备完善的计算机模拟控制、网络通信、故障智能诊断等信息化功能的 DK-2 型机车电空制动机（以下简称为 DK-2 制动机），并于 2007 年在神华集团的 SS_4、SS_{4B} 机车上装车运用。为了满足 HXD1 系列机车的性能和接口要求，2011 年开始进行升级版 DK-2 制动机和机车轮盘制动装置的研究与研制，并于 2012 年 5 月完成样机的型式试验。

7.2 基本功能与工作原理

DK-2 制动机采用计算机模拟控制技术，能实现列车自动制动与机车单独制动、空电联合制动、断钩保护、列车充风流量检测、无动力回送、制动重联、列车电空制动、列车速度监控配合等制动基本功能。具备单机自检、故障诊断、数据记录与存储等智能化、信息化功能，具备 MVB、CAN 等网络通信接口，通过网络能实现远端制动重联控制，适应现代机车制动机信息化以及网络控制的发展要求。

7.3 制动操纵方式

DK-2 制动机可根据不同项目或不同用户对制动机的操纵要求，自动制动与单独制动的操纵可以采用制动位与中立位或保压位结合控制均衡风缸压力或制动缸预控压力的操纵模式，称之为时间闸。也可以采用制动区控制均衡风缸压力或制动缸预控压力的操纵模式，称之为位置闸。两种控制模式下的大闸、小闸手把均设计成推拉式。

7.4 大闸操作

7.4.1 时间闸

大闸手柄前推最前位为紧急位,往后拉依次为重联位、制动位、中立位、运转位、过充位自复。

大闸手柄在各位置功能分别如下:

过充位:此位置手柄为自复,是列车制动进行缓解和充风的位置;且列车管过充压力高于列车管定压的 30~40 kPa;一旦手柄从过充位移到运转位,列车管压力通过缓慢放风回到定压值,而不会产生制动。

运转位:列车管按定压进行充风控制,是列车制动进行缓解和充风的位置。

制动位:控制列车管压力降低,列车产生制动作用。制动缸压力大小取决于手柄在此位停留的时间。

中立位:列车管压力停止下降,机车车辆保压。

重联位:该位置应是机车制动机非操纵端以及无火回送、重联时大闸所放位置。

紧急位:大闸此位置设有列车管排风阀,能对机车制动机或列车制动机施行紧急制动,手柄置于该位置列车管压力以紧急速度放风到 0。

7.4.2 位置闸

手柄前推最前位为紧急位,往后拉依次为重联位、制动区、运转位、过充位(自复)。

大闸手柄在各位置功能分别如下:

过充位:此位置手柄为自复,是列车制动进行缓解和充风的位置;且列车管过充压力高于列车管定压的 30~40 kPa;一旦手柄从过充位移到运转位,列车管压力通过缓慢放风回到定压值,而不会产生制动。

运转位:列车管按定压进行充风控制,是列车制动进行缓解和充风的位置。

制动区：控制列车管压力降低，列车产生制动作用。

重联位：该位置应是机车制动机非操纵端以及无火回送、重联时大闸所放位置。

紧急位：大闸此位置设有列车管排风阀，能对机车制动机或列车制动机施行紧急制动，手柄置于该位置列车管压力以紧急速度放风到 0。

7.5　小闸操作

7.5.1　时间闸

手柄前推最前位为制动位，往后依次为运转位和缓解位（自复）。位置功能分别如下：

缓解位：此位置用来单独缓解机车制动缸压力，该位置为可自复位。

运转位：此位置为机车正常运行时所放位置，用来缓解小闸产生的机车制动缸压力。

中立位：机车制动缸压力保持。

制动位：机车制动缸压力上升，制动缸压力取决于手柄在此位停留的时间。

7.5.2　位置闸

手柄前推最前位为制动区，往后依次为运转位和缓解位（自复）。小闸手柄在各位置功能分别如下：

缓解位：此位置用来单独缓解机车制动缸压力，该位置为可自复位。

运转位：此位置为机车正常运行时所放位置，用来缓解小闸产生的机车制动缸压力。

制动区：在运转和全制动位之间，机车单独制动压力随着手柄在这个区域的位置而变。

全制动位：机车最大单独制动，机车制动缸完全充风到 600 kPa。

7.6 "空气位"操纵方式

"空气位"操纵方式是作为"电空位"故障后的一种应急补救操纵措施，以免在区间途停而影响线路正常运行。在该位操纵时，不具备"电空位"操纵时齐全的功能，而只能保证全列车的制动、保压、缓解的基本功能。

空气位是通过操作司机台面上的后备制动阀来实现，后备制动阀有3个作用位置：制动位、保压位、缓解位，其对外接有总风调压阀管、均衡风缸管以及一个排大气缩孔。操纵后备制动阀，能实现均衡风缸充风缓解和排风减压制动。

7.7 均衡风缸与列车管压力控制

DK-2制动机均衡风缸压力控制有两种模式，正常情况下为制动控制单元采用高速电空阀、压力传感器以及PWM脉宽调制方式实现对压力精确控制的EP闭环模拟控制模式，另一种为当EP闭环模拟控制模式失效时才采用的纯空气后备控制模式。两种控制模式根据不同情况进行切换，无论何种模式，均衡风缸压力升压、减压速度都符合TB/T 2056相关规定。其控制原理如图7-1所示。

在EP闭环模拟控制模式下，制动控制单元接收大闸发出的均衡风缸目标值命令，比较目标值与压力传感器反馈的均衡风缸实时压力值，通过对进、排气高速电空阀的PWM控制，达到精确控制均衡风缸压力的目的。

在后备控制模式下，司机可通过操纵后备空气制动阀直接控制均衡风缸的充、排气，用以控制均衡风缸压力，从而实现DK-2制动机基本的制动、缓解功能。

保护电空阀可以确保系统故障或失电时均衡风缸的自动减压排风。

列车管的充气与排气由中继阀根据均衡风缸压力与过充风缸压力控制，中继阀能保证列车管压力在均衡风缸压力±10 kPa范围内。流量计用于检测列车管充风流量。总风遮断阀受中立电空阀控制，用来切断常用制动与紧急制动工况下的列车管补风通路。列车管遮断阀受切断电空阀控制，用于制动机重联工况下切断中继阀与列车管的通路。

一旦紧急电信号产生——来自大闸紧急、APT、列车分离保护作用等，紧急制动电空阀得电，驱动电动放风阀直接将列车管压力排向大气，列车管压力迅速降为0。当紧急阀检测到列车分离时的列车管快速减压信号，立刻通过电联锁向制动控制单元发出断钩信号，同时自动打开列车管排风阀口加快列车管排风并锁定紧急制动信号约15 s。

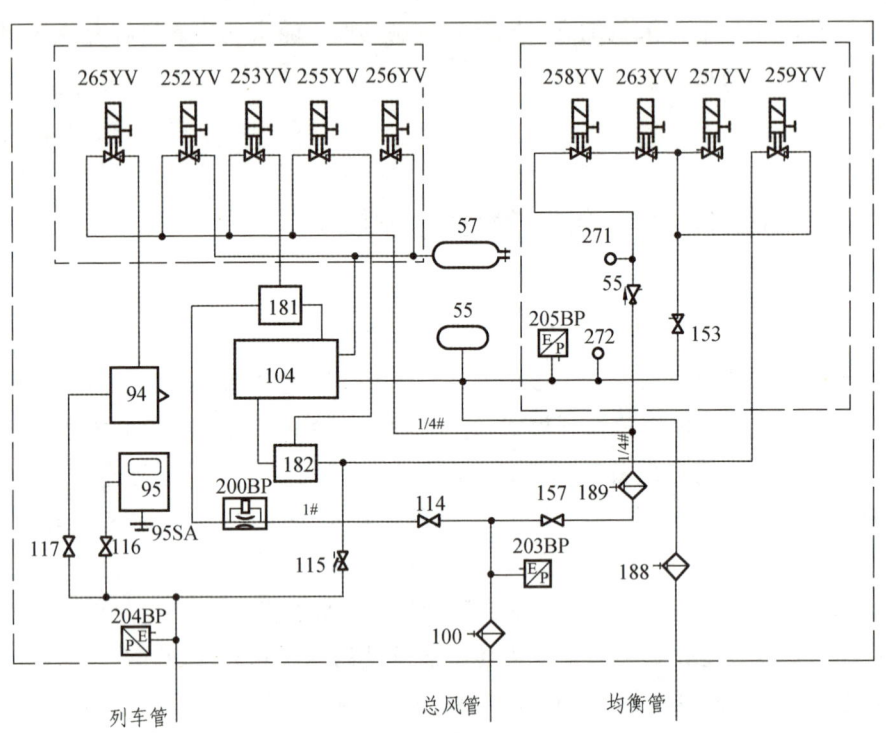

图7-1 均衡风缸与列车管控制原理简图

55—均衡风缸调压阀；57—均衡风缸；94—电动放风阀；95—紧急阀；98—电动放风阀；101—总风遮断阀；98YV—紧急电空阀；104—中继阀；115—中继阀列车管塞门；117—紧急阀列车管塞门；117—电动放风阀列车管塞门；181、182—遮断阀；200BP—流量计；203BP—总风传感器；204BP—列车管传感器；205BP—均衡风缸传感器；252YV—过充电空阀；253YV—中立电空阀；255YV—后遮断电空阀；256YV—排2电空阀；257YV—制动电空阀；258YV—缓解电空阀；259YV—重联电空阀；263YV—保护电空阀；265YV—紧急电空阀；271、272—压力测试接口

7.8 制动缸压力控制

DK-2 制动机制动缸压力控制有两种实现方式，电子分配阀方式和空气分配阀方式。其控制原理如图 7-2 所示。

电子分配阀包括分配阀均衡部、切换电空阀、制动缸预控压力的闭环模拟控制部件（高速电空阀、压力传感器）。电子分配阀中的制动缸预控压力的 EP 闭环模拟控制方式与均衡风缸 EP 闭环模拟控制方式相同，制动控制单元接收大闸、小闸、单缓按钮等发出的指令，再根据列车管减压量计算出制动缸预控压力的目标值，比较目标值与制动缸预控压力传感器反馈的制动缸预控压力实时值，通过对进、排气高速电空阀的 PWM 控制，达到精确控制制动缸预控压力的目的。分配阀均衡部根据制动缸预控压力变化，实现制动缸的充气与排气。

空气分配阀为 109 型分配阀，当切换电空阀失电，制动缸预控切换至空气分配阀的通路，由空气分配阀控制机车制动缸的充气与排气，空气分配阀根据列车管压力变化产生相应制动缓解作用，为电子分配阀常用制动时的热备冗余。

为确保紧急的可靠，机车紧急制动时，优先采用空气分配阀来控制制动缸压力，当发生紧急制动时，109 分配阀增压阀打开，实现对容积室的快速充气，控制制动缸压力快速上升至最高压力 450 kPa。为解决 109 分配阀紧急制动安全阀惯性故障，DK-2 制动机对紧急制动限压从原理上进行了设计改进：正常情况下，关闭塞门 139 隔离安全阀，利用调压阀 52 来限制紧急制动时制动缸最高压力；只有在机车无火回送的情况下，才打开塞门 139，安全阀投入使用，用来限制无火回送机车制动缸压力不超过 250 kPa。

DK-2 制动机通过重联阀、平均管、列车管实现本机与制动及缓解的同步。当重联阀置于本机位时，机车制动缸与平均管沟通，平均管压力跟随制动压力变化而变化。当重联阀置于补机位时，机车平均管与作用管沟通，作用管压力跟随平均管压力变化而变化，从而实现本机通过平均管控制补机制动缸压力的功能。

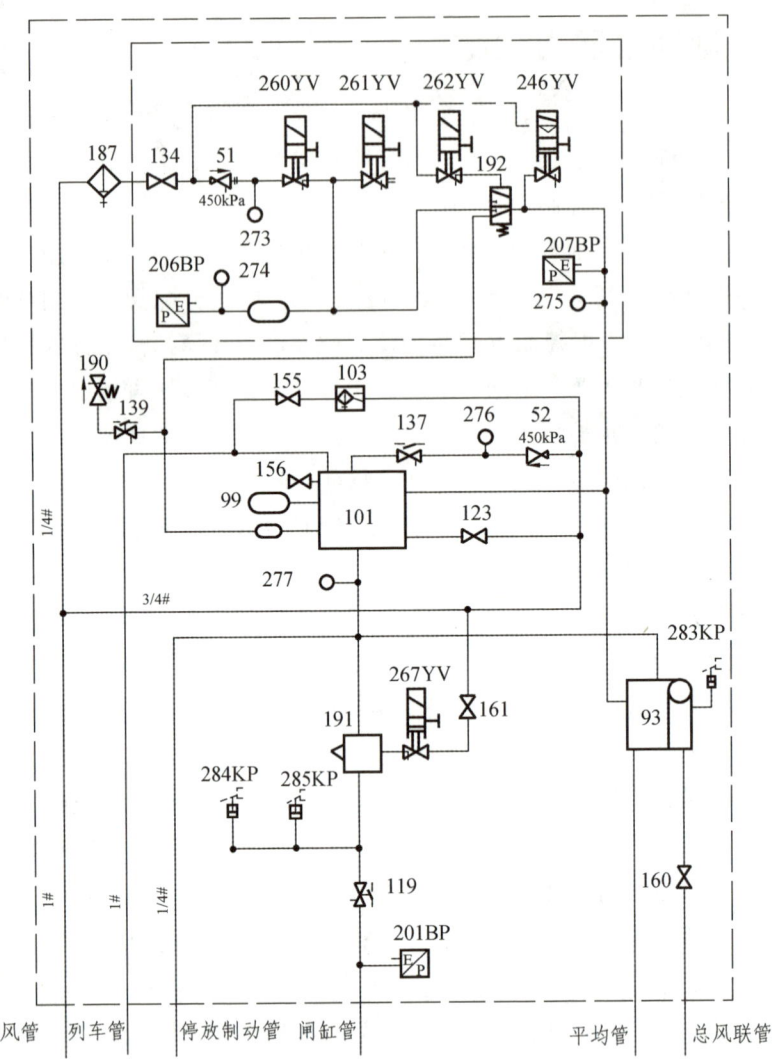

图 7-2 制动缸压力控制原理简图

51，52—调压阀；93—重联阀；99—工作风缸；101—109 型分配阀；103—无火滤尘止回阀；
119—制动缸切除塞门；123—分配阀总风塞门；134—闸缸预控总风塞门；137，139—塞门；
155—无火塞门；160—总风联管塞门；161—切控电空阀塞门；187—闸缸预控滤尘器；
190—安全阀；191—闸缸切控阀；192—切换阀；201BP—制动缸传感器；
207—压力传感器；207BP—作用管传感器；246YV—电空阀；
260YV—充气电空阀；261YV—排气电空阀；262YV—切换电空阀；
267YV—电空互锁电空阀；273，274，275，276，
277—压力测试接口；283KP，284KP，285KP—压力开关

此外，重联阀压力开关 283KP 可检测重联阀转换手柄处于本机位或补机位，并将检测到的压力信号传送给制动控制单元 BCU，BCU 将根据该信息实施不同的控制作用，并通过制动显示屏将重联阀位置信息反馈给司乘人员。

7.9 停放制动

DK-2 机车制动机具备停放制动功能。停放制动由总风塞门、停放制动调压阀、双脉冲电磁阀、停放制动压力开关、双向阀、压力测试接口等部件组成。根据停放制动缸所需缓解压力，停放制动调压阀整定值为 550 kPa，停放制动压力开关整定值为 480 kPa。

当双脉冲电磁阀中停放施加电空阀得电时，停放制动缸的压缩空气通过双脉冲电磁阀排向大气，停放制动作用施加；当双脉冲电磁阀中停放缓解电空阀得电，总风通过调压阀、双脉冲电磁阀向停放制动缸充风，停放制动作用缓解。

双向阀的功能是取制动缸压力与停放制动缸压力两者之间的较大值，防止停放制动力与闸缸力

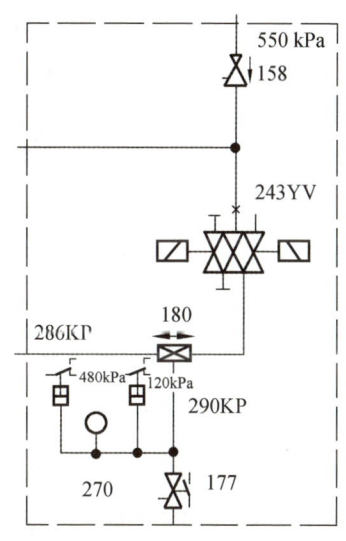

图 7-3　停放制动控制原理图

同时施加，避免制动力叠加而造成制动力过大。其控制原理如图 7-3 所示。

7.10 其他功能

7.10.1 无火回送

DK-2 制动机仍保留 DK-1 制动机无火回送功能。无火回送工况时，开放塞门 139，由分配阀安全阀限制制动缸的压力最大值不超过 250 kPa。

7.10.2 电空联锁

DK-2 制动机具备电空联锁功能，按以下原则进行设计：

（1）和空气制动不会同时作用于机车上。

（2）如果机车首先使用了动力制动，①当操纵使用自动制动时，机车本身的自动空气制动作用被阻止；②当使用单独制动时，在机车制动缸压力达到规定值（90 kPa 时），动力制动将被切除。

（3）如果首先使用了自动制动，当机车操纵使用动力制动时，机车的空气制动缓解。

（4）如果机车首先使用了单独制动，当机车制动缸压力超过规定值后，操纵使用动力制动无效。

电空联锁通过分配阀、切换阀、制动控制单元、电空阀等部件来实现。

7.10.3 列车电空制动

DK-2 制动机列车电空制动功能采用五线制（常用制动、缓解、保压、紧急制动及 DC110V 地线）的电气接口方式。通过制动显示屏显示列车电空制动的控制指令及电空制动控制电流。

7.10.4 机车平稳性制动性能

DK-2 制动机在电空位时具备机车平稳操作功能，该功能投入时，常用制动压力与列车管减压量的比例数为 1∶1。在紧急制动时，闸缸最高压力仍为 450 kPa。

第 8 章　DK-2 制动系统主要部件及功能

DK-2 制动机的主要部件有制动控制器、制动显示屏、制动控制单元、高速电空阀、压力传感器、流量计等新研制与新选用部件；原制动机成熟应用的阀类部件，如后备空气制动阀、中继阀、分配阀、紧急阀、电动放风阀、重联阀等。

8.1　制动控制器

制动控制器是空气制动的主要操作部件，它的主要功能是：发送电信号指令到制动控制单元 BCU，为机车制动机提供自动制动和单独制动等指令，同时还具备紧急位机械排风功能。DK-2 制动机可根据不同项目或不同用户对制动机的操纵要求，自动制动与单独制动的操纵可以采用制动位与中立位或保压位结合控制均衡风缸压力或制动预控压力的操纵模式，称之为时间式；也可以采用制动区控制均衡风缸压力和制动预控压力的操纵模式，称之为位置式。两种控制模式下的大闸、小闸手把都可设计成推拉式。

8.1.1　位置闸

制动控制器具有两个操作手柄，自动制动控制手柄（简称大闸手柄）和单独制动控制手柄（简称小闸手柄）。其操作方式符合 TB2056 的要求，大闸手柄前推最前位为紧急位（带排风），往后拉依次为重联位、制动区、运转位、过充位（自复），小闸手柄前推最前位为制动区，往后依次为运转位和缓解位（自复），其外形图如图 8-1 所示。

图 8-1 位置闸外形图

8.1.2 时间闸

制动控制器具有两个操作手柄,自动制动控制手柄(简称大闸手柄)和单独制动控制手柄(简称小闸手柄)。其操作方式符合 TB2056 的要求,大闸手柄前推最前位为紧急位(带排风),往后拉依次为重联位、制动位、中立位、运转位、过充位(自复),小闸手柄前推最前位为制动位,往后依次为中立位、运转位和缓解位(自复)。

其外形图如图 8-2 所示。

图 8-2 时间闸外形图

8.1.3 制动显示屏

制动显示屏采用 10.4 英寸彩色液晶显示器。制动显示屏的工作电源为 DC110V。

制动显示屏通过 CAN 总线实现 BCU 与显示屏的数据交互，用来实时显示均衡风缸、

列车管、总风缸和制动缸压力值及列车管充风流量值、制动机状态等信息。通过对制动显示屏功能软键的操作，可以查询 DK-2 制动机的事件日志，包括 DK-2 制动机的历史数据、故障内容、故障代码、诊断结果、系统状态和警告等信息。制动显示屏外形与显示主界面如图 8-3 和图 8-4 所示。

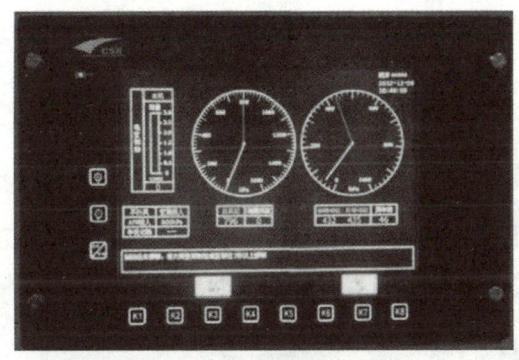

图 8-3 制动显示屏外形

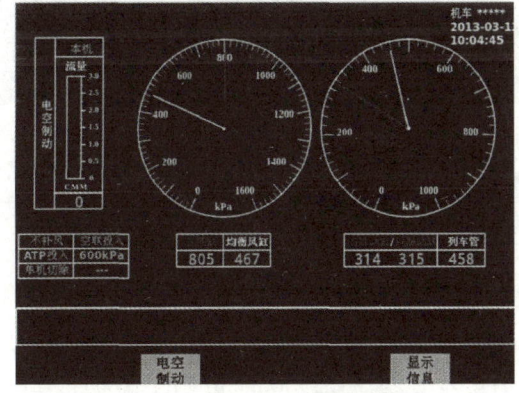

图 8-4 制动显示屏主界面

8.2 制动控制单元 BCU

制动机的核心控制部件——制动控制单元 BCU——用来实时、快速地处理制动机模拟量、网络通信数据以及制动机信息化数据,实现机车制动机模拟与逻辑控制、制动机状态监控及故障检测、诊断、显示、告警、数据记录存储、网络通信、制动机单机自动测试等功能。制动控制单元 BUC 采用欧式 4U 标准结构框架,采用智能化、模块化、集成化的设计思想,将先进表面贴片技术(SMT)与功能强大的多任务实时操作系统(QNX 实时操作系统)相结合,具有反应速度快、可靠性高、抗干扰能力强、结构紧凑、检修方便等特点。制动控制单元外观如图 8-5 所示。

图 8-5 制动控制单元外观图

8.2.1 制动控制单元 BCU 硬件组成部分

制动控制单元 BCU 包括控制板、PWM 板、输入板、输出板、模拟板、电源板等标准插件。控制板采用成熟、可靠,适用于工业应用环境,特别是适用于铁路电力机车复杂应用工况的 PC104 构架的高性能 X86 工控主机。主要完成输入信号状态的采集、逻辑与模拟量运算、输出状态确定、通信信号处理、系统自动实时状态检测等功能。PWM 板主要提供 24V 的 PWM 调制信号，用于驱动高速电磁阀。每块 PWM 板共设置 4 路 PWM 输出信号，每路信号都设置了对应的信号输出指示灯。

输入板用于制动控制单元开关量信号的采集，每路开关量信号都经过了电阻网络降压、稳压管限幅、电容滤波、光电隔离后再经过施密特触发器输入给控制板。输入板电路可靠性很高，抗干扰能力强，能适应机车上的恶劣工作环境。每块输入板设计 32 路，每路都有指示灯指示该点的工作状态。

输出板用于制动控制单元 BCU 开关量信号的输出，每路开关量信号都经过了光电隔离耦合器、滤波电路单元、过流保护电路单元后送至制动机的电空阀。每块输出板设计为 8 路，每路都有指示灯指示该点的工作状态。

模拟板主要用来采集传感器送来的 4~20 mA 的电流信号，信号经过整形转换限幅、滤波等处理后送到 A/D 芯片进行模数转换。模拟板的硬件电路采用 16 位精度的采样芯片，包含 14 路 4~20 mA 电流信号输入通道和 2 路 0~10 V 电压信号输入通道。电源板用于提供制动控制单元 BCU 工作的 DC 5 V 内部工作电源和 DC 24 V 外供电源（用于驱动传感器、高速电控开关阀等），具有过热和过流过压、欠压保护功能，制动控制单元输入电压为 DC 110 V。

8.2.2 制动控制单元软件

制动控制单元 BCU 操作系统选用广泛应用于过程控制、数据通信等多个领域、业界公认最好的嵌入式操作系统之一的 QNX 实时操作系统。应用层软件采用符合
IEC61131-3 国际标准，由法国 CJ International 公司开发的包括逻辑控制软件模型、数据模型、图形化编程和文本语言结合的开关量逻辑处理软件开发平台——ISaGRAF 软件平台。DK-2 制动机的制动控制单元软件系统结构如图 8-6 所示。

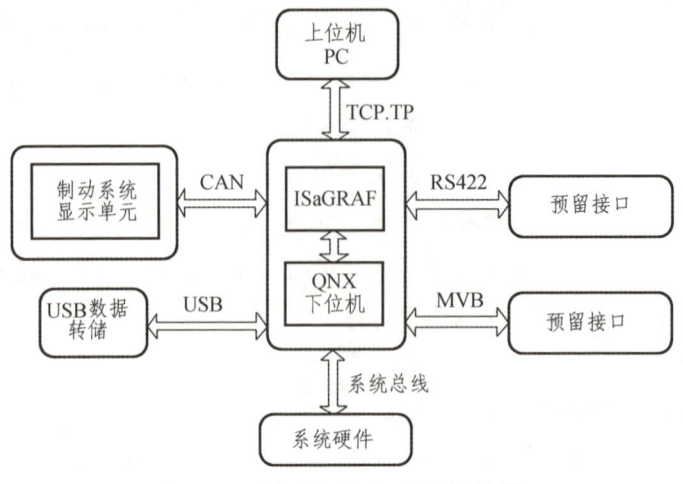

图 8-6 制动机软件系统结构图

8.3 流量计

DK-2 制动机采用根据成熟、可靠的差压原理制造的流量计，用以监测列车管充风流量值，通过对列车管充风流量的检测以及异常流量的判断，实现列车断钩保护等安全导向控制。流量计取得了 EU（欧盟）PED 认证（压力设备使用指导标准）且符合 EU（欧盟）电磁兼容性标准 89/336/EEC/（EN61000-6-2：2001-1 和 EN61000-6-3：2001）的产品，在欧洲铁路行业已经广泛应用。流量计外观如图 8-7 所示，其主要技术参数如下：

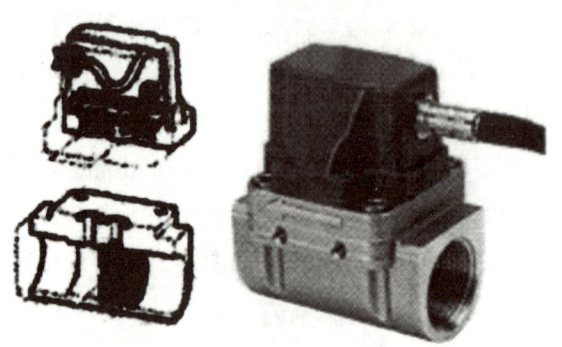

图 8-7 流量计外观图

测量量程：不低于 3 m³/min

输出信号：4~20 mA

精度：不低于±1%FS

重复性：不超过 0.5%的当前值

8.4 高速电空阀

高速电空阀是均衡风缸、制动缸预控压力精确控制的主要部件，其主要特点是响应速度快、机械寿命高。制动控制单元根据均衡风缸和制动缸预控压力目标值，通过 PWM 控制高速电空阀快速得失电，使得均衡风缸和制动缸预控风缸充风和排风，从而达到精确控制均衡风缸和制动缸预控压力的目的。高速电空阀的结构及外形如图 8-8 所示，其主要技术参数如下：

工作电压：DC24V

功率：8.5 W

响应时间：7 ms（得电），2 ms（失电）

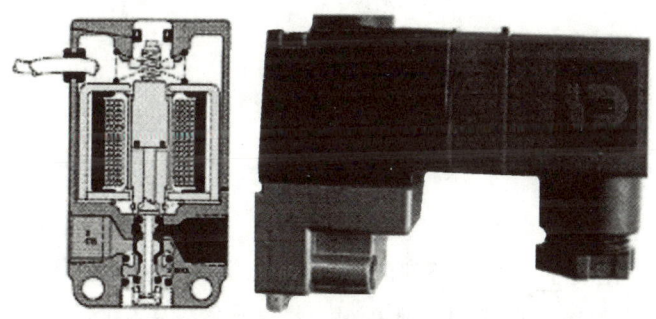

图 8-8　高速电空阀结构与外形

8.5　压力传感器

压力传感器的作用是将各管路、风缸压力信号转换成 4~20 mA 模拟电信号，用于制动控制单元 BCU 对 EP 闭环控制的压力反馈、相关管路与风缸压力显示、制动机故障诊断等。压力传感器的构造与外形如图 8-9 所示，其主要技术参数如下：

精确度：0.25%FS

温漂：不高于 1.5%FS

补偿温度范围：−20 ~ +80 °C

长期漂移：每年不高于 0.2%FS

零点误差：不高于 1%FS

量程误差：不高于 1%FS

响应时间：不大于 0.5 ms

图 8-9　压力传感器构造与外形

8.6　主要阀类部件

为了提高 DK-2 制动机主要阀类部件的可靠性，采用 DK-1 制动机成熟阀类。为了提高主要阀类部件的外观质量，阀体和阀盖采用铝合金材质，如分配阀、中继阀、重联阀、遮断阀、紧急阀等。主要阀类部件外观如图 8-10 所示。

分配阀由主阀部、均衡部和增压阀 3 部分组成。主阀部系利用列车管与工作风缸的压力差来产生缓解、制动、保压和紧急制动。均衡部位于主阀部右侧，控制制动缸的充风、保压和排风。增压阀能在紧急制动时提高制动缸压力，确保机车行车安全。

中继阀依据均衡风缸的压力变化来控制列车管的压力变化，从而完成列车的制动、保压和缓解。

重联阀保证重联机车的制动和缓解作用与本务机车协调一致。

总风遮断阀是控制总风向列车管充风的一道关口,一般情况下,该阀的动作与均衡风缸的减压动作同步,即均衡风缸减压,该阀关闭遮断阀口,以确保一次缓解型制动系统的制动作用可靠。

紧急阀的作用是迅速排出列车管压缩空气,当列车管压力下降速率到一定时,紧急阀能产生紧急作用,进一步排空列车管压缩空气。

分配阀　　　　　中继阀　　　　　重联阀

遮断阀　　　　　紧急阀

图 8-10　主要阀类部件

第9章 制动柜及其模块

DK-2制动机制动柜按功能进行模块化集成设计,模块化设计的主要思想:按照实现功能的部件进行集成,同时考虑模块的互换性、可移植性、可维护性以及美观性。DK-2制动机制动柜完全按照HXD1B、HXD1C、深度国产HXD1的机械接口进行设计,电气接口、网络接口可以根据不同的车型进行改变。

9.1 制动柜总成

制动柜外形尺寸及安装接口如图9-1所示。

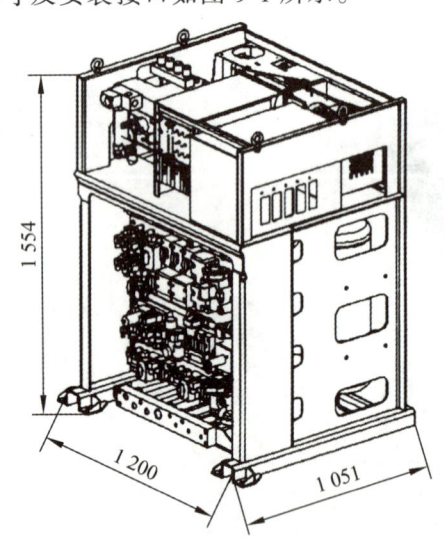

图9-1 制动柜外形尺寸与安装接口图

制动柜是制动系统的重要部分,它主要由列车/均衡控制模块、制动缸控制模块、制动控制单元 BCU、停放制动控制模块、撒砂控制模块、升弓控制模块、主压缩机启停控制模块、骨架、管路等组成。制动系统通过它来实现列车管、制动缸、停放制动的压力控制，同时还能为主压缩机的自动启停控制、撒砂控制提供辅助帮助，为受电弓、主断提供压缩空气等功能。其中撒砂控制模块、升弓控制模块、主压缩机启停控制模块可以根据整车设备布置的要求进行选择采用。

制动柜总成如图 9-2 所示。

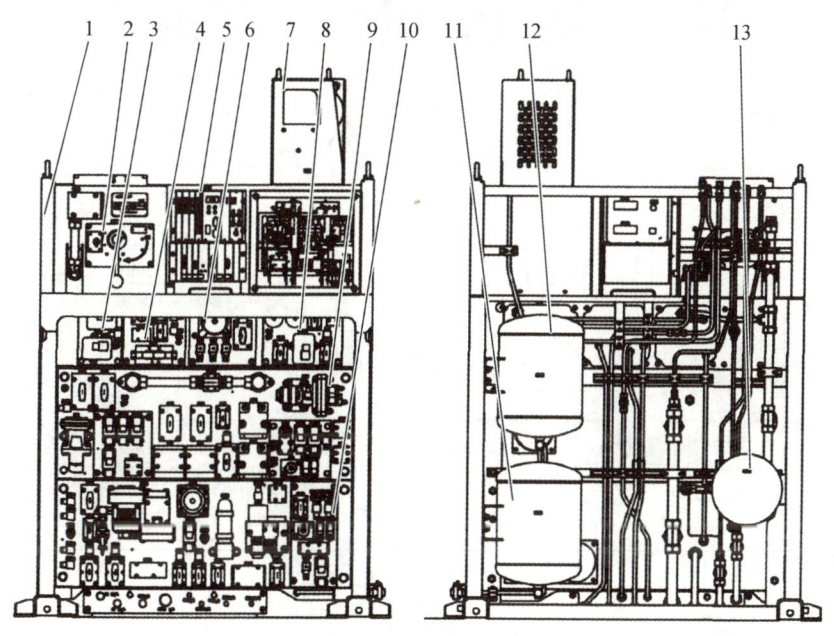

图 9-2　制动柜总图

1—骨架；2—安全联锁箱；3—主压缩机启停控制模块；4—停放制动；5—BCU；6—撒砂集成模块；7—辅助压缩机组；9—升弓控制模块；9—列车/均衡控制模块；10—制动缸控制模块；11—控制风缸；12—停放风缸；13—工作风缸

9.2　列车/均衡控制模块

列车/均衡控制模块由中继阀、紧急阀、遮断阀、流量计、转换阀、调压阀、电空阀、传感器、塞门及气路板等部件组成。该模块能够实现均衡风缸、列车管的压力控制。模块上的零部件布置如图 9-3 所示。

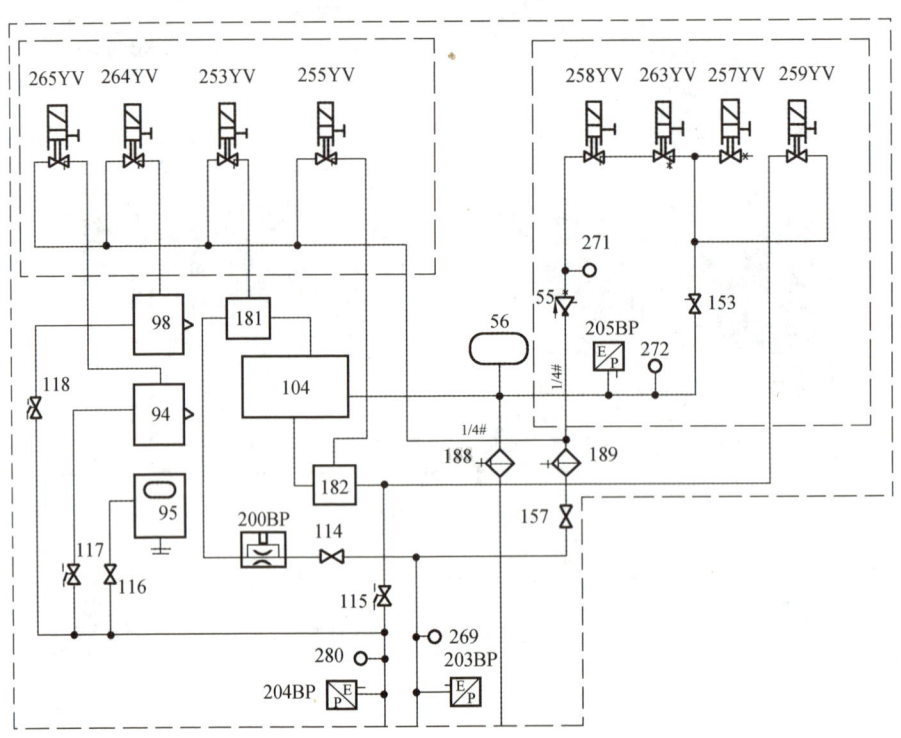

图 9-3 列车/均衡控制模块和气路原理图

列车管压力控制模块的主要功能是控制列车管的初充风和再充风、常用制动排风和紧急制动排风、列车管前后遮断等功能。

列车管的充气与排气由中继阀根据均衡风缸压力控制,中继阀能保证列车管压力在均衡风缸压力±10 kPa 范围内。流量计用于检测列车管充风流量。总风遮断阀受中立电空阀控制,用来切断常用制动与紧急制动工况下的列车管补风通路。列车管遮断阀受遮断电空阀控制,用于制动机重联工况下切断中继阀与列车管的通路。

当大闸、ATP、列车分离保护作用等产生紧急电信号,紧急制动电空阀得电,驱动电动放风阀直接将列车管压力排向大气,列车管压力迅速降为 0。

当紧急阀检测到列车分离时的列车管快速减压信号,立刻通过电联锁向制动控制单元发出断钩信号,同时自动打开列车管排风阀口加快列车管排风并锁定紧急制动信号约 15 s。

9.3 制动缸控制模块

制动缸控制模块由分配阀、安全阀、重联阀、调压阀、电空阀、传感器、压力开关、切换阀、塞门及气路板等部件组成。该模块是实现制动缸压力控制的核心部件。制动缸控制模块的主要功能是根据系统指令输出制动缸压力,实现预控风闭环控制、电子分配阀和空气分配阀切换、机车单缓等功能。模块上的零部件布置如图 9-4 所示。

电子分配阀包括分配阀均衡部、切换电空阀、制动缸预控压力的 EP 闭环模拟控制部件(高速电空阀、压力传感器)。电子分配阀中的制动缸预控压力的 EP 闭环模拟控制方式与均衡风缸 EP 闭环模拟控制方式相同,制动控制单元接收大闸、小闸发出的指令,再根据列车管减压量计算出制动缸预控压力的目标值,比较目标值与制动缸预控压力传感器反馈的制动缸预控压力实时值,通过对进、排气高速电空阀的 PWM 控制,达到精确控制制动缸预控压力的目的。分配阀均衡部根据制动缸预控压力变化,实现制动缸的充气与排气。

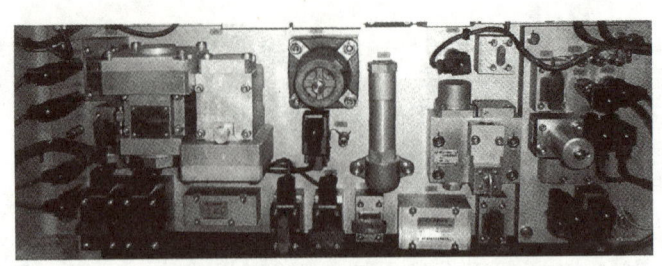

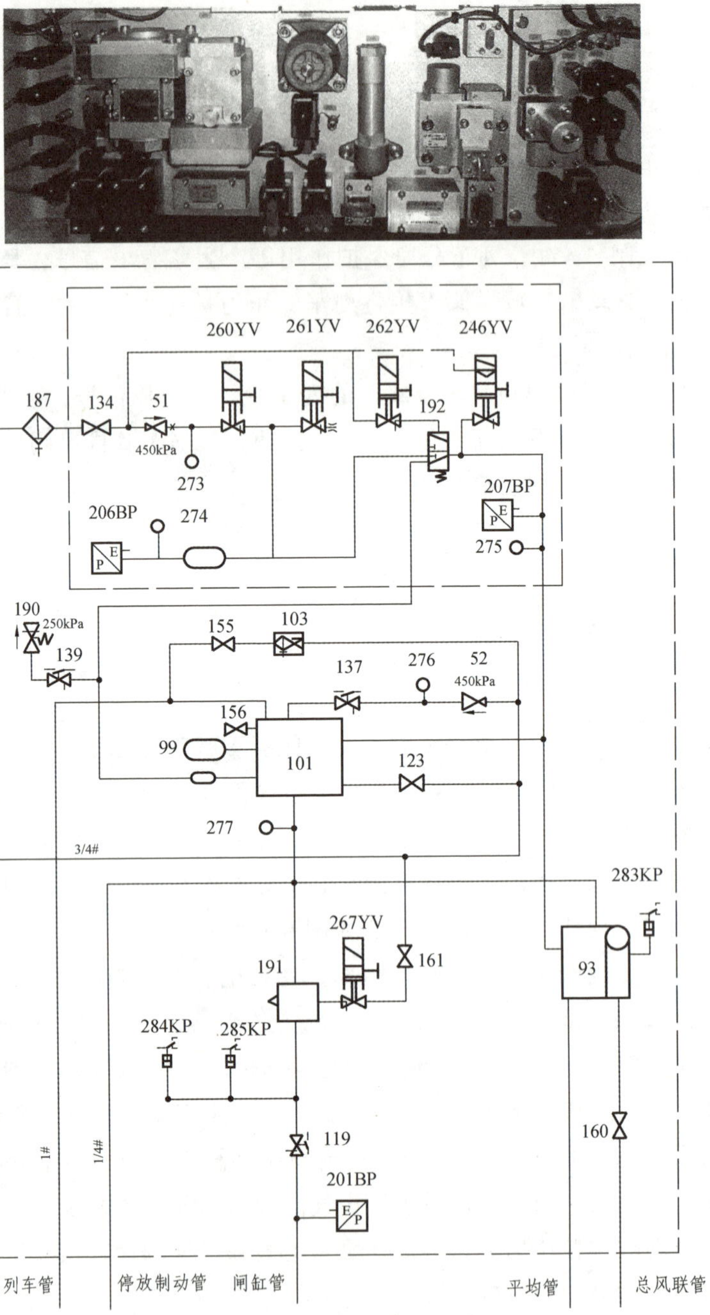

图 9-4 制动缸控制模块及气路原理

空气分配阀为 109 型分配阀，当切换电空阀失电，制动缸预控切换至空气分配阀的通路，由空气分配阀控制机车制动缸的充气与排气，空气分配阀根据列车管压力变化产生相应制动缓解作用，为电子分配阀常用制动时的热备冗余。

为确保紧急制动的可靠，机车紧急制动时，优先采用空气分配阀来控制制动缸压力，当发生紧急制动时，109 分配阀增压阀打开，实现对容积室的快速充气，控制制动缸压力快速上升至最高压力 450 kPa。为解决 109 分配阀紧急制动安全阀惯性故障，DK-2 制动机对紧急制动限压从原理上进行了设计改进：正常情况下，关闭塞门 139 隔离安全阀，利用调压阀 52 来限制紧急制动时制动缸最高压力；只有在机车无火回送的情况下，才打开塞门 139，安全阀投入使用，用来限制无火回送机车制动缸压力不超过 250 kPa。

DK-2 制动机通过重联阀、平均管、列车管实现本机与制动与缓解的同步。当重联阀置于本机位时，机车制动缸与平均管沟通，平均管压力跟随制动缸压力变化而变化。当重联阀置于补机位时，机车平均管与作用管沟通，作用管压力跟随平均管压力变化而变化，从而实现本机通过平均管控制补机制动缸压力的功能。

此外，重联阀压力开关 283KP 可检测重联阀转换手柄处于本机位或补机位，并将检测到的压力信号传送给制动控制单元 BCU，BCU 将根据该信息实施不同的控制作用，并通过制动显示屏将重联阀位置信息反馈给司乘人员。

9.4 停放控制模块

停放制动控制模块由调压阀、双脉冲电磁阀、双向阀、压力开关、塞门及气路板等部件组成。其主要功能是接受停放制动施加与缓解指令，实现停放制动缸排气与充气，同时可防止停放制动力和阀缸制动力叠加。模块上的零部件布置如图 9-5 所示。

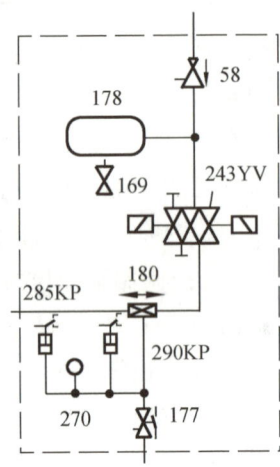

图 9-5 停放模块和气路原理图

停放制动由停放制动调压阀、双脉冲电磁阀、停放制动压力开关、双向阀、停放制动塞门、压力测试接口等部件组成。根据停放制动缸的所需缓解压力，停放制动调压阀整定值为 550 kPa，停放制动压力开关整定值为 480 kPa。

当双脉冲电磁阀中停放施加电空阀得电时，停放制动缸的压缩空气通过双脉冲电磁阀排向大气，停放制动作用施加；当双脉冲电磁阀中停放缓解电空阀得电，总风通过调压阀、双脉冲电磁阀向停放制动缸充风，停放制动作用缓解。

双向阀的功能是取制动缸压力与停放制动缸压力两者之间的较大值，防止停放制动力与闸缸力同时施加，避免制动力叠加而造成制动力过大。

9.5 升弓控制模块

升弓模块由塞门、风表、压力开关、单向阀及气路板等部件组成。其主要作用为受电弓和主断路器提供风源，实现升弓风源不同工况的转换。模块上的零部件布置如图 9-6 所示。

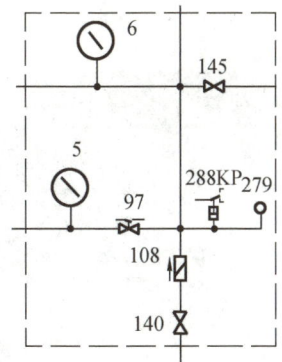

图 9-6　升弓模块和气路原理图

9.6　主压缩机启停控制模块

主压缩机启停控制模块由两个压力开关组成。该模块根据总风压力变化，输出主压缩机的启停控制信号。模块上的部件布置如图 9-7 所示。

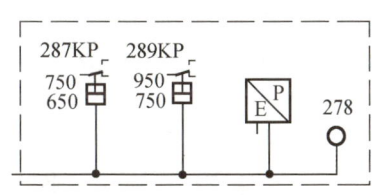

图 9-7　主压缩机启停控制模块和气路原理图

9.7　撒砂控制模块

撒砂控制模块由电空阀、塞门组成。该模块接受撒砂控制指令，控制

101

撒砂器撒砂作用。模块上的部件布置如图 9-8 所示。

 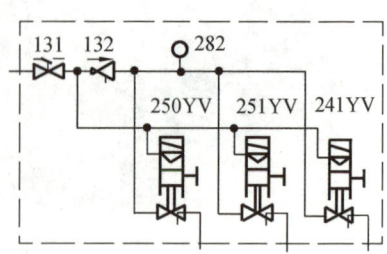

图 9-8　撒砂控制模块和气路原理图

参考文献

[1] 铁道部. 中华人民共和国铁路技术管理规程[S]. 2007.

[2] 铁道部科技情报所. 列车运行速度监控技术[S]. 1991.

[3] 赵爱菊. 机车优化操纵的微机指导系统[J]. 铁道学报,1990(1).

[4] 铁道部. 中华人民共和国铁路技术管理规程[M]. 1989.

[5] 蒋兆远. 车载微机的可靠性研究[J]. 兰州铁道学院学报,2001(4).

[6] 张恩普. HX_D1C型机车撒砂器不撒砂故障分析及改进措施[J]. 电力机车与城轨车辆,2017(2).

[7] 衡纬. TQS1型撒砂阀磨损原因分析及改进措施[J]. 轨道交通装备与技术,2016(4).

[8] 邹超峰. 八轴交流电力机车撒砂阀风咀堵塞及撒砂不畅分析[J]. 技术与市场,2015(5).